U0120039

華志文化

華志文化

華志文化

華志文化

關於本書

查爾斯·哈奈爾（Charles Haanel）把他所擁有的知識寫成了具有很高教育意義和啟發意義的前後呼應的講義，那就是現在的世界潛能大師的十六堂奇蹟訓練他開始與世界上最富有的人分享這一發現，一週給他們一部分。

富翁們被這些發現深深地吸引住了，他們乞求哈奈爾不要把這一體系公諸於世。

透過體系你將發現那永恆古老的基本原則，是它們控制著我們未來的成功或失敗。本書英文書名是：Mental Chemistry（精神化學）

《二十四堂生命改造計劃，活出奇蹟人生》一書引爆的效應

二十世紀初，查爾斯·哈奈爾因一本心理勵志書 The Master Key System（即《二十四堂生命改造計劃，活出奇蹟人生》）而聲譽鵲起，受到各界人士，特別是政、商兩界精英人物的廣泛重視。該書因其極具前瞻性的思想、睿智的洞察力和非常簡單實用的可操作性，成為當時人人爭而閱之的暢銷圖書。

在《二十四堂生命改造計劃，活出奇蹟人生》第一本成功出版的基礎上，作者哈奈爾在其後續著作中，進一步延伸和發展了其思想，如精神的作用、引力法則等，並於一九二二年推出了 Mental Chemistry《精神化學》（英譯）即《世界潛能大師的十六堂奇蹟訓練》（中譯）一書。

這本書的出版同樣引起了人們的強烈興趣，並給予其很高的評價即是：對於每一個難題，這裡都有一種解決方案。

對於每一種成功，這裡都有一條可用公式。

對於每一個人們，這裡都有一種寓意解釋。

這本書運用了心理學和精神科學的方法，對如何發揮一個人的主觀能動性，如何運用心靈的力量，實現人與環境的和諧，一個人自身內在心理世界的和諧，提出了獨到的見解。

在本書的編譯過程中，考慮到從它最初出版至今已過八十餘年，書中的部分內容，隨著現代科學的發展，已經有了不同程度的認知差距。對此，我們根據時代的要求，對相關內容作了些合併、刪節和修改處理。同時，按照哈奈爾出版 The Master Key System 一書時的想法，他認為該書之後的其他著作，仍然是同一部組成部分，他所有的著作都是圍繞著 Master Key System 這一思想框架進行闡述、解釋和應用來進行的。

因此，我們在編譯出版查爾斯．哈奈爾這一著作的中文版時，試圖將其按照同樣的方式組成一個系列課程，即《二十四堂生命改造計劃，活出奇蹟人生》系列，這也是本書書名的緣由。對此，相信本書的讀者能夠理解。

亞馬遜——網路推薦語

「我們生活在一個可塑的、深不可測的精神物質海洋之中。這些物質一直處於生命和運動之中。並且，它達到高度敏感的程度。它按照精神的要求構造思想的形式。思想形式的模式或者矩陣，按照這些物質所表達的形式展現。我們的理想由這個模具所塑造，並浮現出我們的將來。」

哈奈爾先生在本書中寫下了這些詞句，從中，你可以精確地發現，你以及你的思想和感受是如何地形成你周遭的世界，同時，你也能夠發現自己能夠運用精神的能力控制生活中所發生的事情。從這裡，你能夠得到以下的秘密：

1. 掌握一種神奇的方法，讓疾病和痛苦從此遠離你的生活。

2.學會對自己的運氣、命運和機遇施加強而有力的吸引力。

3.只有百分之二的人促成了世界的進步，而本書的觀念和方法將使你成為其中的一員。

4.找到一種途徑，使自己實現夢想，超越希望，過自己所能想像到的最幸福、最圓滿的生活！

讀者評語

你不能錯過的三本好書：

第一本：《二十四堂生命改造計劃，活出奇蹟人生》；第二本：《思考致富》；第三本：《我瘋狂我成功》。第一本書，它能讓你發現一切美好的事物，它是富有者的枕邊書。運用書中的原則將使你徹底告別過去的自己！這是我見過的最神奇的心靈書。

——Yoaozhangxiu001

最近，有非常多的朋友問我：在正式接受「A-Ω 終極心智．ESP 心智潛能」訓練前該學習些什麼？

以前我回答說：你先讀拿破崙．希爾的《思考致富》。

現在我回答說：你先讀拿破崙．希爾的《思考致富》，然後再讀讀

《二十四堂生命改造計劃，活出奇蹟人生》。繼續閱讀《思考致富》和《二十四堂生命改造計劃，活出奇蹟人生》，改變，就在你做出決定的時刻發生！

——心如來

讀了好書，才知什麼是好書。《二十四堂生命改造計劃，活出奇蹟人生》就是一本好書。

在生活中有三種東西是每一個人都需要並渴求的——財富、健康和愛。任何事物都是由這三點派生出來。讀了這本書，你就可以真正地擁有它們了。

——王達曙

我想說的是，像陳安之、安東尼．羅賓和《二十四堂生命改造計劃，活出奇蹟人生》的哈奈爾，他們所講述的很多東西是相通的。他們對「人」的研究是比較透徹的，然後再總結出規律。畢竟人的精神思想是最難把握的，抓住了自己的思想的同時，也就把握住了自己的人生……。

——淩空子

最偉大的財富在於心中的潛在力量

你大概熟悉很多大人物賺大錢的故事吧！從卡內基、洛克菲勒、特朗普、賈伯斯到比爾．蓋茲，他們都有許多相似之處。

1. 他們幾乎都是從一無所有開始的。
2. 他們不得不利用他們的想像——他們的心智——去詳細領會他們的生意。
3. 然後他們不得不承認富裕法則和引力法則，這些為他們提供了把自己的觀念加以具體化的方法和手段。
4. 之後，隨著計畫的就緒，他們不得不付諸行動。
5. 他們之中的任何一個人，如果不利用他們的頭腦，如果不認識到正在為他們工作的力量，那麼他肯定會失敗，就像太陽肯定會升起一樣。

你會注意到，許多成功了的人並不是最聰明的，也不是最有天賦的。大多數成功人士之所以實現了他們的抱負，並非因為智力或天才，而是利用了他們內心中的潛在力量的開發，驅使他們走向事業的頂峰。

決定一生命運的三種選擇

你要怎樣才能利用在你閱讀這本書的時候所出現的所有機會呢？

第一種方式是守株待兔——希望並夢想著某件事情發生，並把你帶向你所渴望的東西。大多數人都是這麼做的，你可以看看他們的結果：日復一日，他們希望得到某件更好的東西，但這件東西從未出現過。就這樣，他們掙扎了一輩子，斬獲不大，得到的往往更少。也許你不是那種人，否則你不會讀到這麼遠；那麼就把這一種方式從我們的清單上勾除吧！

第二種為自己爭取幸福的方式就是刻苦工作——非常刻苦。當然，刻苦工作是高尚的，也是成功和幸福的本質因素，但與此同時，它並不是一切成就的全部和目的。你大概也知道，很多年復一年工作的人，都在加班超時地工作，甚至可能還有第二份工作，但他們從生活中所得到的東西，甚至還不如那些無所事事、白日做夢的人。這真悲哀，但卻是真的。

你每天都能聽到這樣的故事或新聞：有人一輩子為一家公司盡心盡力，到了退休的前幾年，所得到的只不過是「裁員」的結果；或者，有人工作得太賣命，以至於讓自己提早結束人生的旅程。

不，這第二種方式並不比第一種好多少。

第三種方式：你能獲得自己所渴望的東西、實現自己既定的目標的，就是學會如何利用自己的頭腦去恰當地思考。你可以學會如何利用那筆任由你處置的「最偉大的財富」。

當你明白了如何把自己的思想集中並把它們彰顯為事實的時候，你也就認識到了你所渴望的東西離你並不遠。實際上，你所要做的一切，就是伸出手，抓住它們。

學習這些課程的人都會發現，它們的價值是無法估量的。他們所發現的是：富足是宇宙的自然規律——學會利用這一規律，就是帶領他們從失敗走向成功所需要的一切。

選擇一目了然：要想實現你的健康、財富和幸福的夢想，你就必須學會利用你所擁有的、任由你處置的潛在力量。……因此，你需要讀本書。

我們的願望是思想的種子，在合適的條件下能夠發芽生長、開花結果。

Contents
目錄

第一部　學會思考，才能學會創造

複雜都是由簡單組成的。任何能想到的數字，都可以用阿拉伯數字1、2、3、4、5、6、7、8、9、0來組成。任何能想到的思想，都可以用字母表中的二十六個字母來表達。任何能想到的事物，都可以用若干元素來構成。

但這並不是說我們的世界是簡單的。0和1是簡單的，但它們可以構建一個豐富多彩的開放性的網路空間。

當兩個或兩個以上的元素組合在一起時，一種新的物質就被創造出來了，這個被創造出來的個體所擁有的特徵，是那些構成它的元素都不曾擁有的。因此，一個鈉原子和一個氯原子為我們帶來了鹽，這是一種完全不同於鈉或者氯的物質。而且，也只有這種化合能給我們鹽，其他任何元素的化合都不能做到。

在無機界中正確的東西，在有機界也同樣正確——某些有意識的過程會產生某些結果，而且這種結果總是一樣的。某種想法總是會緊跟著特定的結果，任何別的想法都無法服務這個結果的產生。

☙在這裡我們要插入一個很重要的概念，那就是精神化學。化學是處理物質在各種不同的影響下，所發生的原子或分子之內在變化的科學。精神被定義為「要不就是關乎心智——包括智力、感覺和意志，要不就是屬於純粹理性」。

☙科學是透過精確的觀察和正確的思考而獲得並加以檢驗的知識。因此，精神化學就是處理物質環境在心智的作用下所發生的變化、並透過精確觀察和正確思考來加以檢驗的科學。

☙正如應用化學中所發生的變化，是物質有序化合的結果一樣，精神化學中所發生的變化也遵循同樣的方式。這是毋庸置疑的，因為原理的存在不依賴於它們藉以發揮作用的條件，它們是獨立且恒定的。光必定存在——否則就用不著眼睛；聲音必定存在——否則就用不著耳朵；心智也必定存在——否則就用不著大腦。然而，個體的無窮性使力量得以彰顯，正如思想的化合有無窮多種可能一樣，其結果也可以在無窮多種境遇和經歷當中看到。

ᘓ因此，精神作用是個體與那些普遍適用的理念的交互作用。正如普遍適用的理念是遍佈於所有空間、賦予所有生物擁有智慧一樣，這種我們可以稱為「萬能化學家」的精神的作用與反作用，就是因果法則。因果法則不是在個體心智而是在普遍適用的理念中獲得的，與其說它是一種客觀能力，倒不如說它是一個主觀過程；它放之四海而皆準。

ᘓ利用精神化學能夠改變動物和人身上的有機結構。原生質細胞渴望光，並發送出它的推動力。這種推動力逐漸構造了眼睛。有一種鹿覓食的地方樹葉都長在高枝上，由於持續不斷地伸頸搆住它們喜愛的食物，於是便一個細胞接一個細胞地構造出長頸鹿的脖子。兩棲爬行動物渴望在水面上自由飛翔，於是牠們發展出了翅膀，也變成了鳥。

ᘓ對棲生於植物身上的寄生蟲所做的實驗表明，即便是最低等的生命也會利用精神化學。洛克菲勒學會的雅克·羅卜博士做了以下這個實驗：為了獲得材料，將一些盆栽玫瑰放置在一扇關閉的窗戶前。如果聽任植物乾枯的話，之前沒有翅膀的蚜蟲就會變成有翅昆蟲。經過蛻變，這些蟲子離開了植物，飛向窗戶，並沿著玻璃向上爬。很明顯的，當這些小蟲子發現牠們曾經賴以生息繁衍的植物，再也無法提供牠們食物的來源時，牠們自我拯救的唯一辦法，就是長出臨時的翅膀遠走高飛，結果，牠們如願以償了。

✿赤身裸體、兇殘野蠻的原始人，蹲坐在陰森的洞穴裡，啃著骨頭，在一個充滿敵意的世界裡生老病死。無知，造就了他的敵意和他的不幸。「憎恨」和「恐懼」與他形影相隨，手中的棍棒是他唯一願意信賴的。他敵視野獸、森林、湍流、海洋和烏雲，甚至他的同類夥伴，他看到的只有敵人，卻看不到它們互相之間或者它們跟自己之間存在的任何聯結點。

✿現代人天生就奢侈的多。愛，輕搖他的搖籃，縈繞他的青春。當他起身要去拚鬥，手裡揮舞著的，是鉛筆，而不是棍棒。他依賴的，是他的大腦，如今還有他的肌肉。他深深懂得，肉體只是一個有用的僕人，既當不了主人也不能看作平輩。他的同伴和大自然的力量也都絕非他的敵人，而是能賜予他力量的朋友。

✿從敵意到愛，從恐懼到自信，從物質的爭鬥到精神的控制——這一系列的巨變，都得益於「理解」的緩慢呈現，得益於他對下面這個問題的理解的逐步加深：

「宇宙法則」，究竟是人值得羨慕的思想，還是恰恰相反？

精神圖景直接影響腦細胞，反過來，腦細胞又作用於整個生命，這一點早已被華盛頓史密斯學會的埃爾默．蓋茲教授證實。實驗選擇在某幾種色彩占支配地位的畜欄裡圈養了一群幾內亞豬，解剖結果表明，豬大腦的色彩區域，比圈養在其他畜欄裡的同類幾內亞豬的色彩區域要大。有人對人在不同情緒下的汗水鹽分進行過實驗分析。一個處在憤怒狀態的人所排出的汗，雖然顏色與平時無異，但嘗試放一點點在狗的舌頭上，狗會發生中毒現象。

心智還會改變血液的運行，這一點在哈佛大學對躺在蹺蹺板上的學生所做的實驗中得以證實：當讓學生想像自己正在競走時，蹺蹺板會朝腳的一頭下沉，而讓他做一道數學題時，平衡板就會朝頭的一端下沉。這一系列的實驗都充分表明，想法不僅僅能以遠超過電流的高強度和高速度，在腦間持續不斷地閃現，而且，它還建構了它藉以發揮作用的身體構造。

顯意識的心智活動，讓我們瞭解到自己作為個體的存在，並藉以認識我們周邊的世界。而潛意識的心智活動，則是儲存過往思想的倉庫。

ᏧᏁ注意觀察孩子學習彈鋼琴的過程，我們可以理解顯意識和潛意識的作用。老師教他如何控制自己的手指、如何擊鍵，但在練習的最初，控制手指的動作要實行起來有些困難。他必須每天反覆練習，全神貫注於他的手指，逐漸做出合乎規範的動作。最終，貫注的全部精神成為下意識，手指被潛意識所控制。在他練習的第一個月，或很可能是第一年，他只有把自己的顯意識集中在手指上才能演奏；但到了後來漸入佳境，他就能一邊與人交談，一邊輕鬆自如地演奏了，正是因為正確動作的觀念已經徹底滲透到潛意識中了，潛意識完全可以指揮它們，而與顯意識的作用彰顯已經無太大關聯。

ᏧᏁ潛意識非主動型，只是忠實地執行顯意識所暗示的東西。這樣一種密切的關係，使得顯意識的思考顯得尤其重要。

ᏧᏁ人的血液循環、呼吸、消化和吸收全部都受潛意識控制。潛意識只從顯意識那裡獲得刺激，因此，我們只需改變我們的顯意識思考，就能在潛意識中獲得相對的改變。

ᏧᏁ我們生活的環境，如同一個深不可測的、可塑的精神物質海洋。這種精神物質永遠是活躍、積極的，敏感的無以復加。它能根據精神需求而隨物賦形。思想，便是這種物質賴以表達的土壤或母體。

✍宇宙一直是活躍的。必須要有精神，才能表達生命；沒有精神，一切都不復存在。每一個事物的存在，都是這一基本物質的彰顯證明，它創造萬物，並實施持續不斷的再創造。人的能力，就在於想要讓自己成為一個創造者，而絕非被造者。

✍思考的結果，成就了萬物。人能完成看似不可能的任務，正是因為在心底他不承認這件事是不可能的。人們憑藉專心致志，遨遊在有窮與無窮、有限與無限、有形與無形、有我與無我的空間，並為它們建立起聯繫，提供了互相轉變的可能。

✍偉大的音樂家創造出讓全世界都為之顫抖的神聖的狂想曲，偉大的發明家同樣透過令世界震驚的創造而建立了世界的聯繫。偉大的作家，偉大的哲學家，偉大的科學家，都獲得了這樣的和諧，並運用得如此寬廣而感動世界。他們數百年前的創作，我們卻到現在才開始認識它們所蘊藏的真理。熱愛音樂，熱愛事業，熱愛創造，讓他們傾注全力，也促使他們穩妥地探索到，把自己的理想具體化的途徑和方法。

☙因果法則，無處不在，遍及整個宇宙，不停歇地發揮著作用，擁有著至高無上的地位；此為因，彼為果，互為補充，絕不能獨立運轉。大自然一直致力於建立一個完美的平衡。這就是所謂的宇宙法則，是永遠活躍的。萬物努力奮鬥，就是為了求得宇宙的和諧。這一規律貫穿整個宇宙運動的始終。太陽，月亮，星星，和諧地守候在屬於它們各自的位置，在自己的軌道上運行，在某時某地出現，天文學家正是借助這一精確的規律，才能夠告訴我們：在千年那麼漫長的時間裡，星星會在哪個不同的位置出現。因果法則，正是科學家預測和探討的前提和基礎。這個法則，同樣貫通於人的領域。當人們說到幸運、機遇、偶然和災禍，想一想，其中任何一種情況難道不都是可能的嗎？宇宙是不是一個單位？科學推論：如果是且如果在其中一個部分存在規律和秩序的話，那麼，它必定要擴展到其他所有的部分。

☙相像導致存在的每一層面上的相像，當人們帶著曖昧的傾向相信這一點時，他們拒絕對他們所牽涉到的地方給予任何考量。追根溯源於以下這個事實：迄今為止，人並沒有認識到如何讓跟他不同的經歷相關聯的某些「因」動起來。

☙這種工作假說在幾年前才被提出，應用在人的身上，我們不難歸結出——宇宙的目標就是和諧，意味著萬物之間平衡所能達到的完美狀態。

೫我們有一個思想層面——讓動物做出回應的作用與反作用的所謂動物層面，但人對此一無所知。我們還有幾乎是無限的顯意識的思想層面，人可以對它做出回應。在這一層面上，我們擁有了諸如無知、聰明、貧窮、富有、病弱和健康等眾多足夠豐富的想法。思想層面的數量是不勝枚舉的，關鍵在於，當我們停留在某個明確的層面上思考時，我們就是立足於這個層面能對思想做出回應，而反作用的效果在我們的環境中是顯而易見的。

೫以一個正在財富的思想層面上思考的人為例吧！他被一種觀念激發的結果就是成功，不可能有別的結果。他正在成功的層面上思考，他只接收跟成功相協調的思想，任何別的資訊都無法抵達他的意識，因此，他對這些資訊一無所知；事實上，他的觸角伸入了宇宙精神，並與他的計畫和雄心賴以實現的觀念建立起聯繫。

೫此刻，你不妨就地坐下，耳邊放一個擴音器，聽最美妙的音樂，或是一篇演講，或是最新的市場報告。除了來自音樂的愉悅，和從演講或市場報告中所擷取到的資訊以外，還顯示了些什麼呢？

它首先顯示，必定存在某種充分淨化了的物質，把這些振動攜帶到世界的每個角落。這種物質必定充分淨化了，足以穿透人類所知的每一種其他物質。這些振動必定穿透了各種樹木、磚塊或石頭，穿越了江河、山脈，地上和地下，縱橫天地萬物，在縱橫的時空裡，時間和空間早已失去意義。在匹茲堡或任何其他別的地方的廣播裡，正在播放的一支轉瞬即逝的樂曲，只要有了設備，你都能親耳聽到它，如同在同一間屋子裡聽到的一樣清晰。這表明，這些振動的傳播是向四面八方，不論你身在何處，只要有耳朵，就能聽到。

如果真的存在這樣一種純淨的物質，能夠攜帶人的聲音向四面八方發送，那麼，同一種物質也將同樣能夠確鑿無疑地攜帶思想，這是絕對可能的！我們該如何確信呢？實驗！這是檢驗想法確認真理的唯一方式。你不妨按照程式，親手一試。

首先，就地坐下。選擇一個自己非常熟悉的題目進行思考，沉靜下來，如此一連串的想法會接踵而至。一個想法會暗示另一個想法。你很快會覺得不可思議：自己只是這些想法彼此彰顯貫通的通道。你難以置信，自己對於這個題目的認知居然會這麼多，絕對超乎想像！你不知道，自己可以為它們撿拾出這樣美麗的言辭，想法的誕生根本不費吹灰之力。你質疑：它們究竟自何而來？所有智慧、所有力量和所有理解的源泉在哪裡？你！你就是所有知識的泉源。因為每個曾經誕生過的想法不會消失，依然存在，準備並等待著某個契機，讓它得以表達。正因為如此，你能夠觸碰到從前每位聖賢、每位藝術家、每位金融家、每位企業領袖的思想，因為思想是不會消失的。

ꕤ如果你的實驗不幸失敗，那就再嘗試一次吧！大多數人在做事的時候都很難一次就成功。就在我們第一次要站起來行走時，也並不成功。如果要再次嘗試，不要忘記，大腦是客觀心智的器官，它透過神經系統跟客觀世界相聯繫；這一神經系統透過某種感官與客觀世界聯繫起來，這就是視覺、聽覺、觸覺、味覺和嗅覺。思想這種東西，我們既看不到也聽不到，不能嘗，不能嗅，也無法觸摸。當然，我們嘗試接收思想時，這五種感覺都會失去意義。因為，思想屬於精神範疇，無法憑藉任何物質到達我們身上。這麼一來，我們就要同時放鬆精神和身體，發出求助信號，並等待結果。至於實驗能否成功，完全取決於我們的接受能力。

ꕤ在談到這種物質的時候，東方的科學家們傾向於用「氣」這個詞。「我們在其中生活、運動，並表現出我們的行為舉止。」它滲透萬物，無處不在，是一切活動之源。科學家們喜歡使用「氣」這個字，因為它意味著能夠被測量，對於機械的科學家而言，無法被測量的事物都無法存在。但誰又能測量電子呢？

ॐ相對於原子的直徑來說，電子的直徑，舉例來說，就像我們的地球直徑相對於其環繞太陽運行的軌道直徑一樣。確切地說，經科學測定，一個電子是一個氫原子質量的一萬八千分之一。由此看來，物質能夠精細的程度，遠遠超出人腦所能計算的範圍。電子等微粒構造物質的過程，是一個具體化智力能量的無意識過程。

ॐ眾所周知，食物、水和空氣這幾個基本元素是維持生命所必需的，但確實還存在某種更基本的東西。我們在每一次呼吸時，在讓空氣充滿我們肺部的同時，還讓「氣場能量」填充我們的身體。即使最簡單的生命呼吸，也充滿了心智和靈魂所需要的每一種必需品。這種賦予靈魂的生命，比空氣、食物和水更加必不可或缺。沒有食物，一個人也可以生存四十天，沒有水，能生存三天，即使沒有空氣也能堅持幾分鐘。古老的東方學說認為，一旦失去人體賴以運行的「氣」，是一秒鐘也堅持不了的。「氣」是生命的主要本質，包括所有的生命本質。呼吸的過程不僅為身體的構建提供了食物，而且也為心智和靈魂提供了養分。

因和果在思想的領域如同在肉眼所能見到的物質世界中一樣，關係穩定，絕不偏移。精神是一位高明的織女，同時編織出內在性格和外部環境的衣袍。

——詹姆斯．艾倫

第二部　僅僅因為思想，一切都將不同

有源就有流，源遠才能流長。而普遍的理念一旦離開它的源頭，就以物質的形式呈現，變得具體化了；它反過來又以這種物質形式作為載體，回到它的源頭。被電磁所啟動的無機生命，是智慧自下向上、朝著它的普遍源頭回歸的第一步。普遍能量是具有智慧的，物質正是在這一不由自主的過程中逐步形成的，這是大自然的智慧過程，是大自然為了其特殊目的，而把自己的智慧個體化的結果。

生命與意識的基礎，就潛藏在原子的後面，可以在普遍存在的「氣」中找到它。「氣」中的心智，跟血肉之軀中的心智一樣自然。它可以被理解為一種超物質，沒有物質形態，充斥於一切空間，把那些聚合了動力的、被稱作「世界」的微粒，攜帶在它無際無涯、悸動顫慄的胸膛裡。它賦予終極精神原則具有形體，聯合力量與能量的，作為源頭，人類所感知的一切現象——物質的、精神的和屬靈的——都源於這些力量與能量。除了能量與運動的功能，「氣」還有一些與生俱來的屬性，環境合適的話，能浮現出其他現象，包括生命、心智，或者可能存在於實體中的其他任何東西。

ꕥ那些極其微小的會變成人的物質微粒——細胞，其中就不乏心智的徵兆和萌芽。我們可以推論：也許心智的元素就存在於那些在細胞中找到的化學元素之中。

ꕥ礦物質原子彼此互相吸引，形成聚合或團塊。這種彼此吸引的力量被稱作「化學親合性」。正原子總是吸引負原子，它們彼此間的磁力關係導致原子的化合。一旦沒有更大的正極力量使它們分離，化合就不會終止。兩個或兩個以上的原子化合形成分子，因此，原子被定義為「能維持其自身特性的物質的最小粒子」。一個水分子就是一個氫原子與兩個氧原子的化合（H_2O）。

ꕥ大自然在構造一棵植物的時候，與之合作的不是原子，而是膠質細胞，因為大自然構造作為實體的細胞，正如同它構造賴以形成礦物質的、作為實體的原子和分子一樣。植物細胞（膠質）有力量從土壤、空氣和水中，汲取它生長所需要的能量。因此，它汲取礦物生命並支配它。

➳當植物物質精鍊到能夠接受更多普遍智力能量時，動物生命就出現了。如今，植物細胞變得如此可塑，以至於它們有了個體意識的能力，還擁有了那妙不可言的磁力。它從礦物生命和植物生命中汲取生命力，並加以支配。

➳身體是細胞的聚合，傾向於把這些細胞組織成細胞群落的精神上的磁力，賦予它具有生命活力，同時協同組成身體的細胞群，操縱身體這個有意識的實體，使之能夠把自己從一個地方帶到另一個地方。

➳原子與分子以及它們的能量，如今都服從於細胞的利益。每個細胞都是一個活生生的、有意識的實體，能夠選擇自己的食物、抵抗進攻和繁殖自己。

➳一個普通人的身體，大約有二十六萬億個細胞，組成大腦與脊髓的細胞大約就有二十億個。每個細胞其實都擁有其個體意識、直覺和意志，每一個聯合起來的細胞群也都有其集體意識、直覺和意志，推及到每一組協力工作的細胞群也是如此，直至整個身體有一個中樞大腦，所有細胞群之間的大合作就發生於此。

➳生物起源規律證明：每種脊椎動物，跟其他動物一樣，都是由一個單細胞進化而來。人這個生物體，最初也是由一個受精卵構成。母親和父親透過卵子和精子，分別把個人特徵遺傳給下一代。就像身體特徵的遺傳一樣，這種遺傳滲透到了最精細的精神特徵。遺傳物質究竟是什麼呢？這種我們隨處能找到的、作為生命奇蹟的物質基礎的神秘物質，到底是什麼呢？生物學家證實，有機生命的物質基礎就是遺傳物質。確切一點地說，它是一種化合物，能獨立完成各種生命過程。就其最簡單的形態而言，活細胞只是一個柔軟的遺傳物質球，內含一個穩定的核子。一旦受精，就會進行分裂繁殖，形成一個具有多個特殊細胞的群落或群體。

℘這些細胞群不斷分化，透過特定過程，發展出那些組成不同器官的生物組織。那些已經得到發展的、多細胞組成的生物體，包括人以及所有高等動物，都無異於一個社會或公民群體，其內在的眾多單個個體的發展方向均不同，但最初都不過只是擁有共同結構的簡單細胞。

℘巴特勒博士在《如何實施精神治療》一文中指出，以細胞的形式開始，誕生了地球上的所有生命，細胞組成軀體，心智賦予它生命。在開始以及後來很長的時間裡，這種賦予生命的心智被我們稱作「潛意識」。但隨著形態越來越複雜，加上產生了感官，心智便分化出了一個附加物，形成另一部分，這部分我們稱之為「顯意識」。所有生物在最初都只有一個引導者，在所有事情上它們都必須遵循這個引導者，然而，後來成為心智附加物的那種東西，為生物提供了新的選擇。這就形成了所謂的「自由意志」。

ꕥ智慧被賦予到每個細胞，幫助它完成複雜的工作，如同一個奇蹟。在涉及精神化學的奇蹟時，我們必須在心底牢記這個事實：細胞是人的基礎。

ꕥ眾多活生生的個人組成了一個民族，眾多活生生的細胞組成了我們的身體。同在一個國家，公民從事不同的生產——在田野、森林、礦山和工廠；一樣從事流通，有人在運輸線上，有人在倉庫裡，也有人在商店或者是銀行裡；在立法院裡，有人在法官席上或行政長官的職位上從事管理；有人從事保護工作——職業分別是軍人、水手、醫生、教師和傳教士。身體構造亦然：有些細胞從事生產，譬如嘴、胃、腸和肺，為身體提供食物、水和空氣；有些細胞從事供應分發和廢物排除，譬如心臟、血液、淋巴、肺、肝、腎和皮膚；有些細胞從事公共管理，譬如大腦、脊髓和神經；有些細胞則忙於保護，譬如白血球、皮膚、骨頭和肌肉；還有些細胞則擔負著物種繁殖的功能。

ஐ一個國家的活力和福祉，歸根究柢要依賴於其公民的活力、效率與合作，身體的健康與生命力，也依賴於其無數細胞的活力、效率與合作。

ஐ我們已經知道，細胞為了實現特殊的功能而被聚合成系統和群組，對於身體的生命與表達，這些功能都是不可或缺的，正如器官與組織所發揮的功能。只有幾個部分為著生物體的總目標，和諧共處、互相尊重和統一行動，才會有健康與效率。當因為任何原因而發生不和諧時，疾病便會接踵而至，讓安逸和和諧消失的無影無蹤。

ஐ在大腦和神經系統中，細胞根據它們需要實現的特殊功能而聚合起來共同行動。我們的視覺、味覺、嗅覺、觸覺和聽覺正是以這種方式，才能夠發揮作用。也正是以這樣的方式，我們才可以回憶過去，擁有記憶力，以及其他種種。

ஐ假如精神和身體的狀態都很好，就在於這些不同的神經細胞群彼此之間完美配合、通力合作，情況與病態時迥異。在正常狀態下，正如我們作為細胞系統一樣，自我控制所有這些個體細胞和細胞群，協調合作、統一行動。

ஐ疾病因器官的分散行動而表現出預兆。某些系統或群組——由數量巨大的微小細胞組成——一旦開始特立獨行，彼此之間就會變得不和諧，由此顛覆整個生物體的步調。單個器官或系統也因此放棄跟身體其他部分的同調合拍，而為身體造成嚴重損害。疾病便由此產生。

🙞在任何聯合中，行動的效率與和諧都取決於其中樞管理機構所具備的力量和信心；一旦維持這些情況的條件失敗，那麼，隨之而來的將是衝突與混亂。

🙞在《細胞智慧》一文中，內爾斯．奎里清楚地表達了這樣一種觀點：「人的智慧就是他的大腦細胞所擁有的智慧。如果說人是有智力的，他依靠自己的聰明才智，結合並安排物質和力量，以完成像房屋與鐵路這樣的建築，那麼，當細胞指揮大自然的力量實現了我們在植物和動物中所看到的那些建築時，為什麼不能說細胞也是有智力的呢？細胞並不是在任何化學或機械的外力下被迫行動的，它根據自己的意志和判斷而採取行動，是一個獨立的、活生生的動物。」

🙞柏格森在他的《創造進化論》一文中，從物質和生命中似乎看到了一種創造性的能量。如果我們站在遠處注視一幢摩天大樓逐漸升起，我們就會說，在它的背後必定有某種創造性的能量在推動這幢建築，而且，如果我們沒有近到足以看見正在工作的建築工人的話，我們一定會認為，是某種創造性的能量催生了這幢摩天大樓，除此之外不會有別的想法。

❧細胞其實就是一種動物，是高度組織化和專門化的動物。就以一種被稱為「阿米巴」的單細胞動物為例，它沒有組織器官可以製造澱粉，遇到緊急情況時，總是攜帶一種建築材料使自己裹上一層盔甲來保命。還有一些細胞則攜帶一種被稱作「色素胞」的組織，借助日光從泥土、空氣和水裡的天然物質中製造養分。從這些事實裡，我們可以知道：細胞屬於一種高度組織化、專門化的個體，以生命的觀點來看，生命物質和力的原理都一樣，一塊石頭從山上滾下，跟一輛汽車在平坦的公路上移動也一樣。一個是在地心引力下被迫運動，一個則是依靠引導它的智慧在運動。生命（像植物和動物）的建築，建造的物質取自泥土、空氣和水中，正如人類所建造的建築（像鐵路和摩天大樓）一樣，這個事實讓我們清楚地看到：細胞也是一種有智力的生命。

❧如果說細胞也像人一樣經歷過社會組織與進化的過程，那麼，它其實就像人一樣是有智力的生命。你是否想過：當身體表面有損傷或被擦傷時，會發生什麼呢？

白血球或者所謂的「白血球」就會成千上萬地犧牲自己，以保住身體，這是必需的。它們在身體中完全自由地生活，不跟隨血液隨波逐流（除非是在忙亂中被帶到某個地方），而是作為獨立生命到處走動，仔細留心各種外在的危險，使身體運作不出錯。一旦發生擦傷或割破身體表皮的事情，它們立刻就會得到資訊，前仆後繼趕赴現場，指揮修復工作，如有必要，它們還會改變自己的職業，以承擔不同的工作，為把組織凝固在一起而製造結締組織。幾乎在每一個裂口上（無論是擦破的還是被割開的），都有不計其數的白血球在修復和癒合傷口的工作中英勇獻身。一本生理學的教科書曾簡明扼要地提及這種情形：「當表皮受傷時，白血球會在表皮上形成新的組織，同時，上皮細胞則從傷口邊緣開始蔓延，停止生長，直到完成癒合過程。」

ꕤ原來，身體中並不存在什麼特殊中心進行智力活動。每個細胞幾乎都相當於一個智力中心，不論它在什麼地方，也不論我們在哪裡找到它，它都清楚自己的職責。在細胞這個國度裡的每個公民，都是一個獨立的智力存在，全體細胞公民為了全民福祉共同工作。個體可以為大家的普遍福祉而犧牲性命，這樣的結果，我們其他任何地方都無法找到，也不可能以任何其他方式來獲得，更不可能以代價更小的個人犧牲來獲得，它對於社會生存是必不可少的。個體可以為了共同利益而做出犧牲，這樣的原則，被普遍認定，無可撼動，是屬於大家的共同責任，賦予給每一個個體，在這種默認下，它們置自己的個人安逸於一旁，盡心履行屬於自己的工作職責。

愛迪生先生說：我相信，我們的身體是由無數個生命單位所組成的。我們的身體，本身並不是生命單位或某個生命單位。我們用輪船「茅利塔尼亞」號做個例子吧！

茅利塔尼亞號本身並不是個有生命的東西——船上的人才是活的。比方說，如果它在岸邊沉沒了，人都逃走了，當人們離開這艘船的時候，只不過意味著「生命個體」離開了船。同樣的，一個人並不因為他的身體被埋葬了就死掉了，而只是生命的本原——換句話說，就是「生命個體」——離開了他的身體。

屬於生命的每一樣東西依然活著，不可能被消滅。屬於生命的每一樣東西依然服從動物生命的規律。我們有無數的細胞，正是這些細胞中的棲息者，那些其自身已經超出了顯微鏡所能看見的範圍的棲息者，賦予我們的身體擁有生命。

換一種方式說吧！我相信，我所說的這些生命個體，為了造出一個人，而把它們自己數百萬數百萬地組合在一起。我們太過輕率地得出這樣的假設：我們每一個人本身都是一個個體。因為這一點（我深信這是錯的），所以我們假定：這個個體就是人（這是我們能看到的），並忽視了真正的生命個體的存在，而真正的生命個體是我們看不見的，哪怕透過高倍顯微鏡。

今天，沒有人能為「生命」的開始和結束設定界線。即使在晶體的構造中，我們也能看到明確有序的工作流程。某些分解總會形成一種特殊的沒有變異的結晶。在礦物與植物中發揮作用的這些生命實體，並非不可能在我們所謂的「動物」世界裡一樣發揮作用。

由此，我們應該已經對化學家們、他們的實驗室，以及他們的交流體系多少有幾分的認識。

那麼，他們的產品究竟如何呢？這是一個很現實的時代，甚至可以說成是一個商業主義時代。一旦化學家們生產出的產品不具備任何價值，無法產生經濟效益，對於我們來說，根本就不值一提。值得慶幸的是，在本案中化學家們所生產出的商品是人類迄今為止所有的商品中，經濟價值最高的。

這是一種全世界都夢寐以求的東西，卻在任何地方和任何時間都能實現；絕非一筆呆滯的資產，恰恰相反，它的價值舉世認可。

它就是思想。統轄整個世界，統轄每個政府、每家銀行、每項產業、每個人以及每樣東西。一切都因為思想而變得大為不同。人，因為思考問題的方式而走到現在；人與人之間、民族與民族之間，之所以不同，說穿了，只是因為他們思考問題的方式不同，如此而已。

那麼，思想到底是什麼呢？它是每個思想個體所擁有的化學實驗室的產品，是盛開的繁花，是複合的智慧，是之前所有思考過程的結果，是飽滿的碩果，包含著個體奉獻的所有果實中最好的結晶。

沒有任何一種物質，也不會有人願意為了世界上最名貴的黃金而放棄自己的思想。因為思想的價值無可企及。它不是物質的，屬於精神範疇。

這就說明了思想具有令人歎為觀止的價值的真正原因。思想是精神活動，也是精神所擁有的唯一活動。精神，是宇宙的創造性法則，因為部分與整體的差別只在程度上，種類與品質上是一樣的，所以思想必定也是創造性的。

如同所有其他自然現象一樣，振動是思想賴以保存的普遍原理。每一個想法導致振動，以這種形式一個接一個波環地擴張並減弱，好比一顆石頭扔進水池所激起的波浪一般。來自其他想法的振動波有時會阻遏它，或者在逐漸虛弱中消失。

神經系統就是人體中思想的聯絡器官：腦脊髓神經系統是顯意識心智的電話系統，是從大腦到每個身體部位（尤其是終端）的非常完善的線路系統，好比一個情報局。

交感神經系統則是潛意識心智的系統。其功能是：充當擺輪的角色，維持身體的平衡，防止腦脊髓神經系統的過度或不足的行為。它直接受情緒的影響，恐懼、憤怒、嫉妒或憎恨，諸如此類的情緒很容易讓身體自動調節功能的運轉失調，從而顛覆一些身體功能，例如：消化、血液循環和一般營養供給等等。

☙以上所提及的恐懼、憤怒和憎恨等負面情緒會引起「神經質」，以及身體不適、健康狀況不佳等令人不快的體驗。

☙因此，要充分發揮交感神經系統的功能，以此來維護身體正常、健康的運轉狀態，補償由於自然耗損（包括情緒和身體）所帶來的損耗。所以，我們的情緒狀態非常重要：正面情緒富有建設性，而負面情緒，則帶有破壞性。那麼，你還願意為了一些小事而耿耿於懷、斤斤計較嗎？那對我們的身體、我們的生活、我們的工作不但於事無補，還會產生負面作用。

第三部　完美人生的偉大規律——引力法則

℘宇宙廣袤無垠，所包含的物質千般萬種。其中有一種力量能夠掃蕩無窮時空、穿越來世今生，這股神奇的力量就是精神化學，它是由我們看不到卻能感覺得到的意識、精神等思想彙成的不息川流；它擁抱過去，並把過去和無限擴展的未來聯繫起來；它是一種相關的作用、原因和結果攜手並進的運動。在這裡，規律與規律相榫接，所有的規律都是服侍於這一偉大創造且像永遠順從的婢女。

℘這種力量是永恆的，沒有起點，沒有終點，向前追溯，它的歷史超過了最遠的行星；往後展望，再經歷幾個世紀，它也依舊存在。它見證著萬事萬物的產生、發展與滅亡，並把它的記憶告訴我們。它使繁花結出果實，它賦予蜂蜜具有香甜，它度量天體的無窮；它潛藏在火花中、鑽石中，潛藏在紫晶中、葡萄中；它無蹤可尋，卻又無處不在，它的足跡遍布每一個角落。

ᔓ它是完美的公正、完美的聯合、完美的和諧以及完美的真理的源頭；而它堅持不懈的努力則帶來完美的平衡、完美的成長及完美的理解。完美的公正，因為它給予付出以平等的回報。完美的聯合，因為它的目標始終如一。完美的和諧，因為它讓所有的規律和睦相處。完美的真理，因為它是天地萬物的真理之母。完美的平衡，因為它度量準確。完美的成長，因為它就是一種自然成長。完美的理解，因為它解答了生活中的所有難題。

ᔓ世界是運動的，這是永恆的規律，運動的真諦也潛藏在這一規律之中。因為只有透過運動，以及不斷地變化，這一規律才能實現；只有當它不運動的時候，它才不再是規律。但是，運動是絕對的，靜止是相對的，沒有絕對的靜止，所以這一規律也不可能停止。

ᔓ無論在黑暗的寂靜中和光明的榮耀中，還是在作用的動亂中與反作用的痛苦中，這一規律的唯一目標是不可改變的。它一往無前，永不停止，去實現它的偉大目標——完美的和諧。

ᔓ當把目光投向那些生長於溪谷中奮發向上的植物，在竭盡全力掙脫黑暗伸向光明的時候，我們看到了、感受到了它的強烈渴望。儘管沐浴著同樣的雨水，呼吸著同樣的空氣，然而所有的物種都在維護它們自己的特性：玫瑰永遠是玫瑰，永遠不同於紫羅蘭，而紫羅蘭也永遠不會變成玫瑰；把橡子埋進土地，春暖花開時會有橡樹的幼苗破土而出，而絕不會是柳樹或任何別的種類的樹，這是它們的特性使然。所有植物都紮根於同樣的土壤，卻有的纖弱，有的強壯；所有花蕾綻放在同樣的陽光下，它們結出的果實卻有的苦，有的甜；有些植物張牙舞爪令人厭惡，另一些植物卻芳香撲鼻、美麗動人。由此可見，所有植物都是透過它們自己的根，從同樣的土壤中，汲取那些讓它們保持自己獨特性的元素。植物中的這一偉大的生命法則，這種歷久彌堅的強烈願望，這種使它們不惜一切去彰顯、去成長和去實現自己特性的隱秘力量，就是隱藏在至高權威中的「引力法則」，它沒有發佈任何指令，卻無形中讓每一個個體忠實於自己的特殊天性。或許有的個體試圖改變這一法則，然而這些願望的本性，並沒有阻止這一法則發揮作用的力量，因為它的功能就是為成熟的果實帶來苦，帶來甜。

ஐ在礦物世界裡，它就是岩石、沙粒和黏土中的內聚力。它是花崗岩中的力，是大理石中的美，是藍寶石中的火花，是紅寶石中的鮮血。當它在我們身邊的事物中發揮作用時，我們很容易發現它；當它在我們自身心智中發揮作用時，它那看不見的力量卻更大。

「引力法則」既非善，亦非惡，它超越道德的範疇，無法用道德的標準去衡量。它是一個中立的法則，它的結果總是與個體的願望密切相關。引力法則的中立及其作用，我們可以在植物嫁接中找到例證：把蘋果樹胚芽嫁接到桑橙樹上，結出果實的時候我們就會發現，同一棵樹上一起生長著能吃的和不能吃的果實（譯注：桑橙是一種不可食用的水果）；換句話說，健康的和不健康的果實，都被同樣的樹液所滋養並使之成熟。

倘若把這個例證應用於我們自己的身上，我們會發現，蘋果與桑橙代表我們不同的願望，而樹液代表這一「成長法則」。正如樹液使不同種類的果實成熟一樣，這一法則也使我們的不同願望得以實現。不管它們健康也好，不健康也罷，對這一法則來說都無區別，因為它在生命中的位置，就是遵循我們所擁有的願望，以及這些願望的特性、作用和目的，讓我們的心智實現一個顯意識的結果。我們每個人都選擇適合自己的成長線，有多少個體，就有多少成長線；而且，儘管沒有兩條完全相同的成長線，但我們當中的許多人卻是沿著相似的軌跡運動。這些成長線由過去的、現在的和未來的願望連接而成，並在不斷形成的「現在」中彰顯。它為我們指明生命的路線，我們將沿著它前進。

☙當此一法則作用於我們自身，我們則看到了它更為複雜、更為宏觀的一面，簡單心智對此完全無法理解。它在一個更大的領域中喚醒我們一種全新的力量──換句話說，就是更多的誠實，更強的理解力，以及更深刻的洞察力。

☙一個更真實的真理正向我們逼近，因此我們要懂得：真實就潛藏在行動之中，而不是行動之外。要生存，就要意識到這些規則在我們身上所發揮的作用。正如植物的真實，就是植物中隱藏的強烈渴望，而不是我們所看到的外部形態。

☙我們自身的知識，我們透過自己的活動加以靈活運用；外來的知識，我們一樣可以透過他人的行動來獲取；二者一起使我們的智力能夠發展。慢慢地，我們就成為一個被賦予個性的單位，形成了獨一無二的自我。

☙當我們擺脫蒙昧，獲得促使我們生長發育的智性力量，進入不斷變遷的自覺意識中時，我們就開始學著去探尋事物的來龍去脈。在探索過程中，我們認為自己是有獨創見解的，而事實上，此時的我們，只是過去歷代部落生活和國家生活所積聚起來的信仰、觀念和事實的學生。

❧我們經常被一種恐懼而無常的狀態包圍著，而戰勝它的唯一武器是貫穿所有規律的不變一致性，這是我們必須認識的事實核心。在我們成為自己的主人（或環境的主人）之前，我們必須利用這一事實。成長法則是集體成熟的，因為它的一項最主要的功能，就是「作用於那些我們讓它對之發揮作用的東西」。

❧正如因果相循，先有「因」後有「果」一樣，思想也先於行動，並預先決定了行動。每個人都必須有意識地、自覺地利用這一法則——我們不能不利用它，只能選擇如何利用它。

❧在我們從原始人進化成為有意識的人的過程中，從表面上看經歷了三個階段。首先，我們的成長，經歷了野蠻的或無意識的狀態；其次，我們的成長，經歷了意識發育的智性狀態；最後，我們的成長，進入了認知意識的有意識狀態。

❧眾所皆知，植物球莖在長出新芽之前必須首先長出根，而在它能夠在陽光下綻放花苞之前，必須先長出新芽。這一規律在我們人類身上也同樣產生作用，在我們能夠從原始狀態（或類似球莖的動物狀態）向意識發育的智性狀態進化之前，我們也必須先長出根（我們的根就是我們的思想）；同樣地，在我們能夠從意識發育的純智性狀態進化到認知意識的有意識狀態之前，我們必須長出根（此時我們的根就是包含理性因素的思維）。如果違背此一規則，我們將永遠只是規律的創造物，而不是規律的主人。

☙像植物必須繁花盛開一樣，我們也必須個性化。換言之，我們必須釋放出一個完整生命所具有的、不斷向四周輻射的美，必須堅持向自己、向他人表明：我們是一個力量單位，是獨立的個體，是那些支配並控制我們成長的規律的主人。每個人體內都蘊藏著這種規律作用的力量，這一力量透過我們自己而付諸行動。正是透過這種方式，我們開始掌握規律，並透過我們對其作用的有意認知而產生結果。

☙生命嚴格服從於規律，我們是自己生命的有意識的或無意識的化學家。當我們感受到生命的真諦的時候，我們就會發現，它是由一系列化學作用所組成的。當我們吸入氧氣的時候，化學作用就發生在我們的血液裡；當我們攝入食物和水的時候，化學作用就發生在我們的消化器官內；當我們思考的時候，化學作用既發生在我們的心智中，也發生在我們的身體內；即使被宣佈「死亡」的變化中，化學作用也同樣發生，並開始分解人的肌體；所以，我們發現，生老病死、運動和思考都是化學作用。生命是符合規律的，我們的一切活動都必須遵循規律。

ꕥ生命是一個井然有序的進步過程，受到「引力法則」的控制。我們的成長同樣也要經歷三個表面上看起來不同的階段。在第一階段，我們是規律的創造物；在第二階段，我們是無意識的規律的利用者；在第三階段，我們是顯意識的意識力量的利用者。如果我們堅持僅僅利用第一階段的規律，那我們就會成為這些規律的奴隸；如果我們只滿足於第二階段的規律和成長，我們就絕不會意識到更大的進步。在第三階段，我們喚醒了我們對第一和第二階段的規律的意識能力，完全意識到了第三階段的規律。

ꕥ當我們抱有負面思想的時候，便引發了破壞性的有害化學反應，使我們的感受力變得遲鈍，使我們的神經作用減弱，導致心智和身體都變得消極，容易受很多疾病的侵襲。另一方面，如果我們抱有正面的思想，便引發了建設性的、健康的化學反應，促使心智和身體變得可以抵禦不和諧思想所帶來的很多疾病的侵襲。如果我們思考痛苦，我們就會得到痛苦；如果我們思考成功，我們就會得到成功。當我們抱有破壞性思想的時候，我們就引發了阻止消化的化學作用，它反過來又刺激身體的其他器官，並作用於心智，導致疾病和不適。當我們煩惱的時候，我們就攪動了痛苦的化學作用的污水池，為心智和身體帶來可怕的破壞。反之，如果我們抱有建設性的思想，就會為我們帶來健康。

☙ 這些分析足以向我們證明：生命，主要是化學作用，而心智，則是思想的化學實驗室，我們都是精神實驗室裡的化學家，那裡的一切都是為我們而準備的，其產生的結果將取決於我們所使用的物質。換句話說，我們所抱有的思想的性質，決定了我們所遭遇的境遇和經歷。我們在生命中播種什麼，我們就會從生命中收穫什麼——既不會多，也不會少。

☙ 當我們真正理解生命力的時候，就會發現，生命力，不是機遇問題，不是信念問題，不是國籍問題，不是社會地位問題，不是財富問題，不是權力問題。在個體成長的過程中，所有這些問題都將佔有一席之地，但不產生決定作用。我們最後必定會認識到：作為服從自然規律的結果，我們所得到的只有「和諧」。

規律的這種嚴格的精確性和穩定性，是我們最大的資產，當我們意識到這一有效力量並明智地加以利用的時候，就是我們發現能讓我們獲得自由的真理的時候。

近年來，在科學上取得如此巨大的發現，展現如此浩瀚的資源，揭示如此巨大的可能性以及如此不為人知的力量，以至於科學家們越來越不敢斷言某些已經確立的理論顛撲不破，永遠正確，也不敢聲稱某些理論荒誕不經、絕無可能。一種新的文明正在誕生。陳規陋習、僵化教條和冷酷殘暴已經成為過去；取而代之的是開闊的視野、堅定的信念、服務的意識。人類正逐步從傳統的鐐銬中掙脫出來，軍國主義與唯心主義的渣滓漸次滌淨，思想獲得了解放，真理以它的全貌展現在驚訝不已的人們面前。

儘管在人類歷史上已經創造了無數奇蹟，對於心智法則（它意味著精神的法則）所帶來的可能性，我們還僅僅是驚鴻一瞥。這種新發現的力量對我們來說至關重要，我們剛剛在一個微不足道的程度上，開始認識到它的存在。它能為遵從它的人帶來成功，這一點開始被數以千計的人所理解，所踐行。更多的奇蹟正在誕生。

ꩰ現在，整個世界正處於覺醒的前夜，將迎來煥然一新的力量和意識，這是一種來自我們內心的全新力量，是對我們內心的全新認識。上個世紀見證了人類歷史上最輝煌的物質進步，而這個世紀，將為人類的精神和心靈帶來更偉大的進步。

我堅信，心想事成，
想法被賦予了軀體、呼吸和翅膀；
我們放飛自己的想法，
讓它們用結果去填充世界，或好或壞。
我們召喚我們隱祕的想法，
讓它飛向地球上最遙遠的地方，
一路留下它的祝福，或者哀傷，
就像它身後留下的足跡一行行。
我們建構自己的未來，一個想法接一個想法，
我們並不知道，結果是好還是壞。
然而，宇宙就是這樣形成的。
想法，是命運的另一個名字；選擇吧！
然後等待命運的安排，因為恨會產生恨，
愛會帶來愛。

——亨利．范．代克

第四部　心智：一切行動賴以產生的中心

℘歷史、環境、和諧、機遇、成功以及任何別的東西，都是被行動創造出來的；而無論是有意識的行為還是無意識的行動，都是由思想產生的；而思想又不是憑空產生的，思想是心智的產物。因此有一點就變得很明顯了，這就是：心智是一切行動賴以產生的創造性中心。

℘我們當前的世界是一個商業世界，這個商業世界剛被構建出來就受到許多內在規律的控制，這些規律不可能被與它旗鼓相當的任何力量所中止或廢除。但有一點是不證自明的：高層面上的規律可以壓倒低層面上的規律。就如同樹的生命力導致樹液上升，地心引力規律並不能將它下降，而是被它戰勝。

℘博物學家耗費了大量時間用來觀察可視現象，在他的大腦中負責觀察的那一部分，不斷累積著相關知識。結果，在認識自己所看見的事物上，他就變得比某個未觀察過這一現象的朋友內行得多、熟練得多。他只要隨便掃上一眼，就能掌握大量的細節。他有意識地在觀察方面擴大自己的腦力，透過訓練自己的大腦而達到了這樣的程度。由此，我們得出了這樣的結論：一個人從觀察中所學到的知識，遠遠高於未進行觀察的同伴。反過來，一個人如果不行動，不工作，就會使他原本精細的思維變得越來越遲鈍、越來越僵化，直到他的整個生命變得貧瘠而荒蕪。

我們的願望是思想的種子，在合適的條件下能夠發芽生長、開花結果。我們每天都在播撒這樣的種子，收穫的又是什麼呢？每一個今天，都是過去思考的結果，將來又會是現在思考的結果。我們透過自己創立或抱持的思想，創造著我們自己的品格、個性和環境。引力法則也同樣存在於精神世界，跟原子引力並無二致。我們的思想也在找尋它自己的同伴，吸引著與自己相協調的「精神流」。每一種思想都可以變得很具體，精神流像電流、磁流和熱流一樣真實。

心智的巨大潛力，是透過持續不斷的練習開發出來的。其活動的每一種形式，都透過實踐而變得更完美。為發展心智而進行的練習，顯示出各種各樣的動機。它們包括：理解力的發展，情操的培養，想像力的活躍，直覺力的舒展（對於直覺力，無需進行激勵或禁止，只需讓它自由發揮）。

此外，心智的力量，還需要透過道德品質的培養來發展。塞涅卡說：「最偉大的人，是以堅定的決心做出正確選擇的人。」那麼，偉大的心智力量，取決於它的道德踐行，因此需要讓每一次有意識的精神努力都能達到相應的道德目標。一種已發展的道德意識，都能夠增強行動的力量和連續性。因此，均衡發展的品格，需要以良好的身體健康、精神健康和道德健康為基礎，這些因素聯合起來，形成強大的力量並最終通向成功。

我們發現，大自然不斷在萬物之中尋求和諧，不斷試圖在每一種衝突、每一種創傷和每一種困境之間創造出和諧的環境。思想的和諧是大自然開始創造物質條件和諧環境必不可少的條件。

如果我們理解了心智是偉大的創造性力量，那麼一切就皆有可能。恰恰由於願望是一種如此強大的創造性能量，因此我們要在生活和命運中培養、控制、引導我們的願望，使它為我所用。擁有強大精神力量的人們，支配著他們身邊的那些人；他們的影響力，不論遠近都能感覺到，甚至能夠支配著那些與他們相距遙遠的人。

那些支配他人的強者，都是擁有偉大心智這種超強力量的人。他們讓別人「想要」與他們保持一致，從而確保了他們的領導地位，也保證了他們的願望得以實現。就這樣，強者的願望可以對其他人的心智發揮強有力的影響，引導這些人按照強者所制定的路線行動。

ꕥ如果不發掘自身的內在力量，任何人都是軟弱無力的。只有充分發揮自身的智力和道德征服力的人，才會表現出過人的權威。這一真理正是當今這個極度匱乏的世界所渴望的。每個人的身上都有一種與生俱來的神聖的潛力，每個人都擁有智力，也擁有道德，只不過有的明顯可察，有的正在沉睡。

ꕥ我們每天都要經歷一次「日出」、一次「日落」，儘管我們知道這只是運動的表象。雖然我們感覺自己腳下的地球是靜止不動的，但我們清楚地知道它在飛速地旋轉。因而我們說，世上不存在靜止，靜止存在於我們的心智。我們總把鐘說成是「發聲體」，然而我們都知道，所有的鐘之所以能發聲是因為空氣中產生了振動。當這些振動達到了每秒十六次的頻率時，就產生了我們透過聽覺能感知到的聲音，即使直到頻率為每秒三萬八千次的振動，我們都能聽得到。但是當頻率超過這個數字的時候，一切復歸於寂靜。由此我們得出這樣的推斷：發出聲音的並不是鐘，聲音就在我們的心智裡。

ꕥ我們感到陽光刺目，看到太陽「發光」，然而我們知道，它只是放射出能量，這種能量可以在宇宙中產生頻率為每秒四百萬億次的振動，引起人們所說的「光波」。當振動的頻率減少到每秒四百萬億次以下的時候，它讓我們感覺不到光了，我們只能感受到熱。於是我們知道，我們所說的光，只不過是一種運動方式，唯一存在的「光」，是這些波在我們的心智中所引發的感覺。當振動的頻率改變的時候，光的顏色就產生了變化，顏色的每一次改變，都是由於振動的頻率或速度的改變所導致的。所以，儘管我們說玫瑰是紅色的，草是綠色的，天空是藍色的，但我們知道，這些顏色僅僅存在於我們的心智裡，是光波的振動導致我們的視覺產生變化。於是我們知道，陽光是沒有顏色的，顏色只不過存在於我們的心智。對我們來說，表象僅僅存在於我們的意識中，甚至連時間和空間都不存在了，時間只是連續的參照物，除了作為現在的思考參照，並不存在過去和未來。

ꕥ現代科學已經教會我們懂得：光與聲音只是強度不同的運動，這導致了對人的內在力量的發現，在做出這些揭示之前，人們從未設想過這樣的力量。「心智是一種普遍存在的物質，是萬物的基礎。」許多人如今都在努力對這一令人驚奇的事實提出明確的言說，然而這一至關重要的事實，在此之前從未滲透進人們的普遍意識中。

ℬ每個原子無論是分是合，都不可避免被某個地方所接受。它不可毀滅，它只為使用而存在，並且只存在於它該存在的地方。歸根究柢，有一個法則支配並控制著所有的存在。支配我們生活的規律如果運用得當，能夠為我們帶來利益。這些規律不可改變，我們也無法擺脫它們，這些偉大的永恆力量，在寂靜中發揮著作用。我們雖然無法消除規律，卻可以使它們為我所用。讓自己與規律和諧相處，度過和平而幸福的一生，是我們能力所及的事。

ℬ困境、衝突和障礙，都向我們證明：成長是透過以舊換新、以次好換更好來實現的，要不然是拒絕給予我們不再需要的，要不然是拒絕接受我們所需要的。我們只能接受我們所給予的東西，我們也只能給予我們所接受的東西；它之所以屬於我們，是為了表達我們成長的速度與和諧的程度。這是一種有條件的、互惠的行為，因為我們每個人都有一個完整的思想實體，這種完整，使得我們只有在自己給予的時候才有可能接受。如果我們死守自己所擁有的，我們就不能獲得自己所缺乏的。

ꕥ因為引力法則的作用就是只帶給我們有利的東西，因此只要我們明確地知道，自己想要什麼，需要什麼，我們就能夠有意識地控制我們的環境，能夠從我們的每一次經歷中汲取我們進一步成長所需要的東西。我們所能達到的和諧與幸福的程度，就取決於我們是否擁有獲得成長所需的東西的能力。

ꕥ當我們達到更高的層面、獲得更寬廣的視野的時候，我們獲取並利用成長所需要的東西的能力也隨之不斷增加。我們瞭解自己需要什麼的能力越強，我們辨別它、吸引它和吸收它的可能性就越大。除了我們成長所需要的，我們不需要別的東西。我們創造的所有條件和做出的所有努力，都是為了我們的利益服務的。困難與障礙源源不斷而來，我們可以從這些困難與障礙中汲取智慧，收集我們進一步成長不可或缺的東西。種瓜得瓜，種豆得豆，所予所取，毫釐不爽。我們獲得的力量的大小，取決於我們戰勝困難時需要付出多少努力。

ꕥ生命成長的永恆不變的需求，要求我們盡最大的努力，去獲取那些能夠為我所用的東西。透過領悟自然法則並有意識地與之合作，我們才能獲取最大程度的幸福。像所有其他規律一樣，這一規律也對所有人一視同仁，而且處於持續不斷的運轉中，分毫不差地把你行為的結果帶給你。換言之：

「人種的是什麼，收的也是什麼。」（《新約．加拉太書》第6章第7節）

☙心智的力量，常常受到一些令人麻痹的束縛，這些束縛來自人類原始質樸的思想，長期以來被人們所認可並對人們發揮著作用。恐懼、煩惱、無力和自卑的感想，每天都在侵襲著我們。這些因素就是我們所得到的東西如此之少，生命如此貧瘠的根源。當然，心智創造負面境遇就像創造有利境遇一樣輕而易舉，當我們有意或無意地設想匱乏、侷限與衝突時，我們就在創造這些負面境遇；這正是許多人在無意之中所做的事情。但每個人都有無窮的潛力，只需釋放欣賞觸覺和健康的野心，使之擴展為真正的偉大，我們就可以掙脫束縛，擺脫負面因素的困擾。

ꕥ因為女人擁有更為細膩的敏感性，使得她們更容易接受來自他人心智的思想振動，因此女人多半比男人更易受到負面因素的支配，因為負面的、壓抑的思想洪流對女人的殺傷力尤其強大。

ꕥ但這種侷限不是不可戰勝的。有數不清的女性歌唱家、慈善家、作家和演員，都突破了這種侷限，證明了她們有能力實現文學的、戲劇的、藝術的和社會學的最高成就。當弗洛倫斯・南丁格爾在克里米亞半島付出前所未有的同情心的時候，她就戰勝了這種侷限性；當紅十字會領袖克拉拉・巴頓在聯邦軍隊中從事類似的工作時，她也戰勝了這種侷限性；當詹妮・林德在音樂藝術中，為實現自己充滿熱情的渴望而辛勤付出，最終達到那個時代最高的藝術成就，並同時贏得巨額的經濟回報，從而顯示出自己非凡的能力的時候，她也戰勝了這種侷限性。

ꕥ思想的影響與潛力，受到了前所未有的追遂和重視，人們開始對其進行獨具慧眼的研究。男人和女人都開始自己獨立思考，他們對自己身上存在的可能性已經有了一些認識。他們迫切要求：如果生命中還有什麼秘密的話，就應該把它們揭示出來。

如今，新的世紀已經破曉，站在熹微的晨光中，人們看到了某種巨大的莊嚴的東西，這就是生命的無窮的潛力之源。站在這樣的光明中，人們發現自己能夠從生命無窮的能量中汲取新的力量（他自己也是這一無窮能量的一部分）。這種力量使人確信：人所能達到的成就是不可估量的，人向前行進的邊界線是無法限定的。

有的人，似乎是輕而易舉地攫取了財富、權力，毫不費力地實現了自己的雄心壯志，功成名就；有的人雖然也成功了，卻付出百倍的艱辛，成功來之不易；還有的人，他們所有的雄心、夢想和抱負，全部付諸東流，一敗塗地。何以會這樣呢？其原因顯然不在於人的體魄，否則，那些偉人們一定是體格最健壯的人。因此，差異必定是精神上的——人的心智。創造力全在於人的內心，人的心智構成了人與人之間的唯一差異。在人生旅途中，正是心智使我們能超越環境、戰勝困難。

如果我們深刻理解了思想的創造力，就可以體會到它驚人的功效。如果沒有適當的勤奮和專注，思想是不會獨自產生這樣的效果的。讀者會發現，無形中有各種規律一直在控制著我們的道德世界和精神世界，如同物質世界中的萬物都是嚴格依照明確的規律運轉一樣，毫釐不爽。要獲得理想的結果，就必須瞭解並遵循這些規律。恪守規律，就會得到準確的結果。

೫思想由規律控制。思想的規律，就像數學規律、電學規律、地心引力規律一樣明確。我們之所以沒有顯示堅強的信念，是因為我們對規律缺乏理解。如果我們理解了幸福、健康、成功、繁榮以及其他每一種境遇或環境，都是有意識或無意識的思想的結果，我們就會認識到，掌握統治思想的規律是多麼重要。

೫科學家告訴我們，我們生活在物質的世界中。其中大多數物質本身是無形的，卻時時處處對我們產生影響，作用於我們的思想和言辭，圍繞在我們的身邊、充斥於我們的內心。我們根據自己的所思所想主動地、有意識地利用它們，我們所想的和所說的便是在客觀上顯示的結果。

೫那些有意識地實現思想力量的人，往往能夠享受最好的生活，將那些高等級的實物變成了他們日常生活切實有形的組成部分。這是因為他們發現一個更高力量的世界，並持續保持這種力量不斷地運轉。利用這種力量使那些看上去似乎不可戰勝的障礙被戰勝，困難被克服，困境被改變，命運被征服，甚至連敵人也被改變成了朋友。這種力量是無窮無盡的、不受限制的，因此可以不斷向前推進，從一個勝利走向另一個勝利。

✤供應是取之不盡的，需求順應我們所希望的路線。這就是需求與供應的精神法則。

✤我們的境遇與環境多半是由我們無意識的思想創造的，因此它們常常不盡如人意。要改善我們的境遇，補救的措施首先必須改進我們自己，有意識地改變我們的精神姿態，努力使自己更加適合生存的環境，我們的想法和願望會最先顯示出改進。關於這一點，沒什麼好奇怪的，也不是超自然的，它只不過是「存在的規律」而已。

✤不懂心智規律就和不懂得化學品的特性和關係而操作化學品一樣，都像孩子玩火一樣危險。這一點放之四海而皆準，因為心智是產生我們生活中的所有境遇的主要根源。紮根於心智中的思想，肯定會結出其相應的果實。最偉大的謀士也不能「從荊棘上摘葡萄，從蒺藜裡摘無花果」。

✤亞瑟．布里斯班說：「思想及其成果包括了我們所有的成就。」精神與思想，可以比作音樂家的天才，與從他的樂器中所發出的聲音。樂器之於音樂家，就像人的大腦之於激發思想的精神。不管多麼偉大的音樂家，其天分都要依靠樂器來表達，樂器透過振動在空氣中產生聲波，聲波把音樂帶進大腦的神經，美妙動聽的音樂才能被人所感知和認同。

如果給帕德雷夫斯基一架五音不全的鋼琴，他所演奏出的音樂也只能是嘈雜與缺乏和諧。或者給最偉大的小提琴家帕格尼尼一把走調的小提琴，哪怕他再有天賦，你聽到的也只能是刺耳的、令人厭惡的聲音。音樂的精神必須有正確的樂器來表達。同樣的，思想的精神，必須有清醒理智的頭腦來表達。

精神與思想是等同的，正如音樂家的天才與他的音樂被人演奏時的聲音也是等同的。在音樂中，聲音表現並解釋著音樂家的精神。這種解釋及其精確性取決於樂隊、小提琴或鋼琴。當樂器變音走調的時候，你所聽到的就不是音樂家的天才，而是曲解。同樣的，一顆高度發達的頭腦，哪怕再聰明，如果處於混亂狀態的話——比如，一個像尼采那樣的有著巨大的天才和崩潰的心智的人的瘋言瘋語——要遠比心智相對比較無力、比較簡單的人更令人痛苦、更叫人厭惡。

由於我們始終生活在物質的世界裡，我們的心智也不習慣於處理抽象的問題。

雖然精神是宇宙中唯一真實的東西，而我們把大部分思想和精力都投放到那些沒有生命的物體上，以至於許多人根本就沒有想到精神，便渾渾噩噩地在這個世界上走了一遭。大多數人都僅僅只能表達真正精神生活的最輕微、最微弱的反映，到目前為止很少有和諧。只有不斷完善的人類大腦，普遍適應的理念才會清晰地表達出來，然後，這顆地球就會真正變得和諧，由得到清晰表達的精神所控制。

想想尼加拉瓜瀑布吧！不停運轉的大型機械，被點亮的城市，燈火通明的大街，疾速行駛的汽車，表面上看似乎全都可以和尼加拉瓜瀑布所蘊藏的力量聯繫起來。然而事實上這些都要歸功於人的思想所表達的精神。正是精神，利用了尼加拉瓜瀑布作動力。正是精神，把瀑布的力量傳輸到了遙遠的城市。認真想想精神的特性和神祕力量吧！沒有比思想更振奮人心、更令人癡迷、更叫人困惑的了。

但是精神卻是看不到摸不著的，精神既沒有形狀也沒有重量，既沒有大小也沒有顏色，既沒有聲音也沒有氣味。你問一個人「精神是什麼？」他必定會回答：精神什麼也不是，因為它不佔有空間，也不佔有時間。然而我們感覺得到，精神是存在的，正是精神賦予我們生命活力，在我們跌倒時伸出手將我們扶起，在成功時鼓舞我們，在失敗與不幸時安慰我們，如果沒有這種精神，生命裡就根本什麼都沒有，就跟地裡的一塊石頭並無不同，跟裁縫放在店門口的人體模型沒有任何區別。

ꕥ不管承認與否，精神無處不在，精神就是一切。視神經抓住了一幅畫，把它送到大腦裡，精神便看見了這幅畫。世界只有被我們用精神的眼睛看到的時候才存在。精神正是透過越來越高度發達的大腦所進行的思考來發揮作用，並以此來表達自己。是精神逐步把人從原先野蠻未開化的境遇，帶到了如今比較文明的狀態。同樣是精神，透過比我們現在所能想像的更為高級的大腦在未來發揮作用，就能在這個星球上建立真正的和諧。

ꕥ不妨把精神與你所看到的物質世界，跟偉大畫家頭腦中的天才與他所創作的作品做一下比較。米開朗基羅所創作的每尊雕塑、每幅繪畫，都已經存在於他的精神中。但精神並不滿足這樣的存在。它必須把自己形象化，它必須把自己展現在人們的面前。恰恰如同所有的母愛都存在於女人的精神裡，但只有當母親懷抱著自己的孩子，實實在在地看著這個有血有肉的、她所深愛、所創造的生命時，母愛才得以完整存在。精神只有被反映在物質世界中的時候，才真正有了生命。

最傑出的偉人，他們的成就最初也都是封存在他們的內心裡，但只有當他們的精神透過大腦產生作用、透過想法表達自己，從而創造出作品的時候，他們的精神才會完全被人們所認識。正是作用於哥倫布的精神，把第一艘船帶到了美洲。

我們知道，一切有用的工作都是合理思考的結果。思想是精神的表達，是透過多少有些缺陷的大腦來運轉的。倘若我們認識到思想本身是精神的表達，那麼我們就會在責任感的驅使下，竭力給予我們所能擁有的精神做出最完美的表達，給予它最好的機會，讓它棲息在我們並不完美的軀體中，透過我們所擁有的並不完美的心智表達出來。

棲息於地球上的人類正在逐步完善自己，我們的種族在十萬年前還是動物模樣的人，有著巨大而突出的下顎，大牙齒，小額頭，以及外形醜陋的軀體。千百年來，他們逐漸在改變，隨著時間的推移，他們根除了自己身上殘留的動物性，殘忍的獸性慢慢地消失了，獲得了更多的精神性。他們不斷發展自己的身體，掌握必要的手段，下巴突出的臉蛋變得更飽滿豐腴。下顎縮進去了，前額凸起來了，在前額的後面，逐漸發展出最終能夠對精神給出恰當而充分的表達的頭腦，以便能夠恰當地解釋賦予自己生命活力的精神。

🙞我們知道，我們每一個人無一例外地受到某種看不見的力量的牽引或推動，始終在一代接一代中不斷地改進自身。這種力量，常常是已經從人世間消失很久的力量，父親或母親的活力與感召常常在兒子的生命中持續存在，並不斷發揮作用，使得他能夠從事僅憑個人的意願絕不可能完成的工作。認識到這一點確實是一件鼓舞人心的事。

🙞這種改進要歸功於父母們彼此之間的愛，以及他們對孩子的愛。它通常看不見，可能是家裡樹立著良好榜樣的某個女人，給予那個正在工作的男人擁有其他任何人都不能給予的感召和力量。它可能是父愛，讓一個男人能夠替一個或許不能自理的孩子工作。

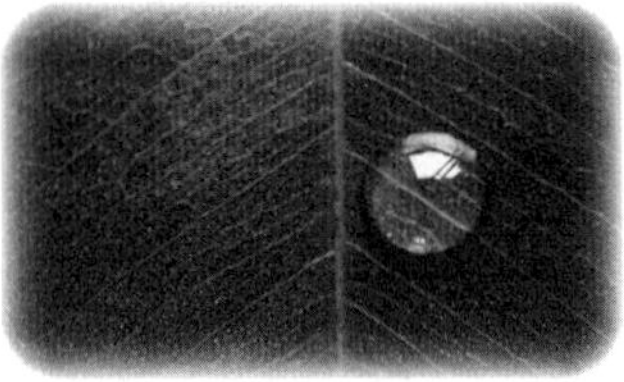

一切真正有智慧的思想，都已經被人們想過無數遍；但要讓它們真正成為自己的，我們就必須再真誠地重想一遍，直到它們在我們的個人經驗中紮下根來。

——歌德

第五部　內在的富足引來外在財富

ꕥ藍天白雲、日月星辰、風霜雨雪，大自然總是慷慨的、浪費的或奢侈的。在任何被造物中，豐富都被發揮得淋漓盡致，沒有哪個地方能夠體現出節約。豐富，是宇宙的自然法則。這一法則的證據是確鑿的，毫不費力就能列舉幾項：無以數計的綠樹繁花、植物動物，以及創造與再創造的循環過程，是依賴永恆持續運作的龐大的繁殖系統，所有這一切都顯示出大自然為人類準備環境時的浪費。大自然為每個人準備了豐富的供應，這一點很明顯，同樣明顯的是，許多人卻從來都沒有享受到大自然的這種慷慨：他們至今沒有認識到一切物質的普遍性，沒有認識到心智是引發動因的有效要素。而正是憑藉這種運動，我們才能獲得自己渴求的東西。

ꕥ思想是借助引力法則運行的一種能量，它的最終表現，便是人們生活中的豐裕富足。豐裕富足的思想只會對類似的思想產生共鳴，人的財富與他的內在相一致。

內在的富足是實現外在富足的前提，它吸引外在財富來到你身邊。生產能力是個體真正的財富之源。因此，一個人如果對他所設定的目標全力以赴，全身心投入，那麼他就已經非常接近成功的彼岸。他的付出和收穫成正比，他會不斷地付出、給予。他付出的越多，收穫的也就越多。

🙞我們生活在自然的和社會的環境之中，並受環境的影響，如果我們想要成為環境的主人，就需要瞭解心智作用的相關科學法則。這樣的知識是最有價值的資產，它可以逐步獲得，且一旦掌握就可以付諸實踐。這使得我們跟環境建立起一種全新的關係，揭示出我們之前做夢也想不到的各種可能性，這些是透過一系列井然有序的規律而引發的，而這些規律，必然與我們新的精神姿態有著密切的關係。控制環境的力量，就是它的果實之一；健康、和諧與繁榮，是它的資產負債表上的項目。而它所需要的代價，僅僅是收穫其龐大資源時所付出的勞動。

🙞力量是財富的源泉，一切財富都是力量的產物；只有當財富能夠賦予力量的時候，擁有財富才是有價值的。一切事物都代表著某種形態、某種程度的力量；只有當事物能產生力量的時候，它們才是有意義的。找到開啟這種力量的鑰匙，發現統治這種力量、使之能服務於一切人類努力的規律，但是標誌著人類進步的一個重要紀元。它排除了人的生命中反覆無常的因素，而代之以絕對的、不可改變的普遍法則。

ꩰ古人看到蒸汽、電流、化學親合力與地心引力等現象時，一度驚恐萬狀，以為是魔鬼在懲罰人類。隨著科學的進步和社會的發展，人們知道這些不過是自然界的因果規律，人們將這些規律稱為「自然法則」，這一發現使得人們能夠大膽、勇敢地控制著物理世界。明白了是自然法則而非什麼神的旨意在產生作用，就認清了迷信與智慧的分界線。

ꩰ自然界中還存在著一種力量，它比物理力量更加強大，這就是人類精神的力量，道德的力量和靈魂的力量。思想，是至關重要的力量，卻埋藏得很深，在最近半個世紀裡才得以揭示。思想的力量剛一獲得解放就顯示出驚人的效果，它所創造的世界，對於五十年前的人來說，是絕對不可想像的。我們精神發電廠在創始的短短五十年的時間裡，便獲得如此令人歡喜的成果，因此可以預見的是，在下一個五十年裡，將會有更大的驚喜在等著我們。

ᘓ或許會有人提出異議：如果這些法則是真的，那麼我們為什麼不能加以論證呢？如果這些基本法則是正確的，那麼我們為什麼沒有得到正確的結果呢？其實我們正是這樣做的，我們得到的結果完全符合我們理解規律、應用規律的能力。在有人總結出控制電流的規律並將結論公諸於眾之前，我們不懂得如何應用這些規律，也達不到預期的效果。

ᘓ一切力量，正如一切軟弱一樣，皆源於內在。一切成功，正如一切失敗一樣，其秘密也同樣來自人的內心。一切成長都是內心的展開。萬物皆然，顯而易見。每一株植物，每一隻動物和每一個人，都為這一偉大法則提供了活生生的證據。往昔的錯誤，就在於人們總是從外在世界中尋找力量或能量，卻不知道這力量恰恰存在於我們的內心。

ᘓ智慧、能量、勇氣與和諧的環境，全都是力量的結果，而我們已經看到，一切力量皆來自內心；同樣，每一種匱乏、侷限或不利的環境，都是軟弱的結果，而軟弱只不過是無力而已。它來自烏有之鄉，它本身什麼也不是——打敗軟弱的制勝法寶，就是開發我們內心的力量。

☙這一偉大法則遍及宇宙的各個角落，透徹理解這一法則會讓我們獲得開發並拓展創造性思維的心智力量，而這種創造性思維，將為我們的生活帶來神奇的改變。正確利用這些機會的能力和悟性，絕好的機會將鋪平你的人生之路，力量將從你的內心中湧出，樂於幫助的朋友將不請自來，環境為適應你的需要而做出改變；你會找到真正的「無價之寶」。這就是許多人變失為得、變懼為勇、變絕望為喜悅、變希望為實現的關鍵所在。

☙讓我們看看大自然中最強大的力量是什麼吧！在礦物世界裡，每一樣東西都是固體的、不易揮發的。在動物與植物的王國裡，一切都處於變動不居、不斷變化、始終被創造與再創造的狀態。在大氣中，我們發現了熱、光與能量。當我們從有形轉到無形、從粗糙轉到精細、從低潛力轉向高潛力的時候，各門各類都變得更加精細，更具有精神性。當我們踏進微觀世界的門檻時，我們便找到了最純粹的、最活躍的能量。

☙正如大自然中最強大的力量是看不見的無形力量一樣，人身上最強大的力量也是看不見的無形力量。就在幾年之內，透過觸動一個按鈕，或撬動一根操縱桿，科學就已經把幾乎取之不盡的資源置於人類的控制之下。這強大力量的根源，就是無形的精神力量，而彰顯精神力量的唯一方式，就是透過思考的過程。思考是精神所擁有的唯一活動，思想是思考的唯一產物，但是這唯一的產物卻足以讓人成為最富有者。

自然界的萬事萬物都與精神有著千絲萬縷的聯繫。推理，乃是精神的過程；觀念，乃是精神的孕育；問題，乃是精神的探照燈和邏輯學；而論辯與哲學，乃是精神的組織機體。增減盈虧，都不過是精神事務而已。

但凡想法定會招致大腦、神經和肌肉等生命機體的物質反應，這就會引發機體組織結構中客觀物質的改變。所以，要想使人的身體組織發生徹底的改變，需要我們做的，只不過是改變自己的思維方式，針對特定主題進行思考而已。

思想的改變就是失敗轉化為成功的不二法門，勇氣、力量、靈感和和諧，這些想法取代了原先的失敗、絕望、匱乏、限制與嘈雜的聲音，慢慢在心中生根，身體組織也隨之而發生改變，個體的生命將被新的亮光照耀，舊事已經消亡，萬物煥然一新，你因此獲得新生。這是一次精神的重生，生命因而有了新的意義，生命得以重塑，充滿了歡樂、信心、希望與活力。你將看到成功的曙光，而在此之前你一直在黑暗中橫衝直撞。你將發現新的機遇，你的頭腦中充滿了成功的想法，並輻射到你周圍的人，他們受你精神的感染會幫助你前進與攀升。他們會和你並肩作戰，成為你通往成功的合作夥伴。與此同時，你所處的外部環境也會發生改變。所以，就是透過這樣簡單地發揮思想的作用，你不僅改變了自身，同時也改變了你的環境、際遇和外部條件，使一切為迎接成功做好準備。

ഗ不管你意識到與否，我們正處在嶄新一天的破曉時分。即將到來的各種可能，是如此美妙神奇，如此令人癡醉，如此廣闊無邊，這樣的情景幾乎令你目眩神迷。一個世紀以前，不要說有飛機了，一個人哪怕只有一把格林機關槍，也足以殲滅整整一支用當時的武器裝備起來的大軍。現在，只要有人認識到思想的重要性，那麼他就像擁有機關槍的威力一樣獲得了難以想像的優勢，從而卓冠群倫，傲視蒼生，成為萬人景仰的領袖。

ഗ心智是富有創造性的魔術師，而引力法則就是它的神奇魔力棒。每個個體都有充分的自主權，都有權自己做出選擇，任何人都無權也不應該進行干涉。然而有人卻執意破壞這一規則，用強力法則與引力法則相抗衡，就其本性而言，這是破壞性的，跟引力法則針鋒相對。使用強力，比如地震和災變，只不過是破壞和災難，除了廢墟之外，不會實現什麼好的結果。要想成功，就必須始終把注意力放在創造性的層面上，而不是在破壞的層面上。

☙心智不僅僅是創造者，而且是唯一的創造者。毫無疑問，對於任何事物，我們只有充分地認識它們，瞭解它們的特性，才能有效地利用它們。「電」這樣東西亙古以來一直存在著，只不過是一百年前才走入人們的視線。當有人發現電的規律，並使之服務於人以後，我們才從中受益。如今，人們瞭解電的規律，全世界都被電所照亮。「富裕規律」也是如此，只有那些認識它、遵循它的人，才能分享它所帶來的好處。

☙富裕的獲得，正是有賴於對「富裕規律」的認知。它一定不能是競爭性的，不是靠掠奪他人來滿足自己。你應該為自己創造所需要的東西，而不是從任何別人那裡拿走任何東西。大自然為所有人提供了豐富的供應，大自然的財富倉庫是無窮無盡的，如果有某個地方看上去似乎缺乏供應，那僅僅是因為通道尚有缺陷。

※人們對富裕規律的認知，激發和體現了人類的精神品質和道德品質，其中就包括勇氣、忠誠、機敏、睿智、個性與建設性。這些全都是思想的傾向，而所有思想都是創造性的，它們存在於與精神環境相一致的客觀環境中。每一個想法都是因，而每一種境遇都是果。這是符合因果規律的，因為個體的思維能力是產生「普遍適應的理念」這個結果的誘因。

※在人類看上去柔弱無比的身軀內，蘊藏著很多不可思議的可能性。其中有一種可能性，就是透過機遇的創造與再創造來掌控自己的境遇。創造這種機遇的主要力量來自於思想，思想導致了對決定未來事件的力量的認知。正是這種內在的心智將成功變成現實，這種對內在力量的認知，組成了能夠做出相應的和諧行動，這種力量在我們與我們所尋求的對象和目標之間，搭建了橋樑，使我們通向理想的彼岸。這就是行動中的引力法則，這一法則，是所有人的共同財產，任何一個對其運轉擁有足夠知識的人都可以加以運用。

※勇氣是人類與生俱來的一種莊嚴而高貴的情操，就是對精神衝突的熱愛中，所彰顯出來的心智力量；無論是像將軍般發號施令，還是和士兵一樣服從執行，兩

者都需要勇氣。但在大多數情況下，勇氣都是潛藏著的，不露鋒芒。真正的勇氣，是冷靜、沈著和鎮定，而絕不是有勇無謀、爭強好勝、脾氣暴躁或好辯喜訟。有一些並不起眼的人，表面上總是只做能讓別人高興的事，但是，當時機出現的時候，潛藏的東西就會顯露出來，我們驚奇地在柔軟的手套下發現了鐵腕。

໑累積，是把我們收穫的東西儲備和保存下來的能力，這樣我們就能夠利用更大的機會。而一旦我們做好了準備，成功的機會就會出現。所有成功的商人都有這樣的品格，而且得到了很好的發展。詹姆斯·J·希爾留下了超過五千二百萬美元的財產，他說：「如果你想知道自己在生活中是注定成功還是注定失敗，你可以輕而易舉地得到答案。測試方法簡單易行，準確無誤：你能存錢嗎？如果答案是肯定的，那麼你就具備了成功的一項重要特質；反之，你就注定會失敗，因為成功的種子不在你的身上。你或許會想：這不可能。但是事實會向你證明，缺少累積的能力，成功就像海市蜃樓一樣可望而不可及。」

໑讀過詹姆斯·希爾的傳記的人都知道，他是透過下面的方法才賺到他的五千萬美元的。首先，他從一張白紙開始，充分開發和利用自己的想像力，把他打算穿越西部大草原的龐大鐵路計畫予以具體化。此外，富裕的規律十分重要，這個規律能為他實現這一計畫所提供的方法和手段。不過產生決定作用的還是執行這一環，如果只限於紙上談兵，詹姆斯·希爾絕不會有任何東西積存下來。

願望是累積的動力，二者相互促進：你累積的越多，你的願望就越多；你的願望越多，你累積的就越多。就這樣，只需要很短的時間，作用與反作用就獲得了不可阻止的動力。然而，千萬不要把累積跟自私、貪婪或吝嗇混為一談；這些全都是旁門左道，它會把你引入歧途，會讓真正的進步成為泡影。

構建，是心智的創造性本能。在商業界，它通常被稱作「創新精神」。創新精神表現在構建、設計、規劃、發明、發現和改進中。創新精神是最有價值的品質，必須不斷得到鼓勵和發展。每一個成功的商人都必定有計劃、發展或建構的能力。沿著別人的老路走是遠遠不夠的，必須發展新的觀念，新的做事方式。每一個個體在某種程度上都擁有創新精神，因為在那無限而永恆的能量中，他是一個意識中心，而萬物皆源於這種能量。

水可以呈現出三種不同的形態：固態、液態和氣態，但它們全都是同一種化合物，唯一不同的是溫度。但誰也不會試圖用冰去驅動引擎，把它變成蒸氣，它就很容易承擔這個任務。你的能量也是如此，如果你想作用於創造性層面，首先你就要用想像的火焰把冰融化，你的能量之火越猛烈，融化的冰就越多，你的思想就變得越有力，而你實現自己的願望也就越容易。

ℬ睿智，就是感知自然法則並與之合作的能力。真正的睿智可以毫不費力地避開欺詐與瞞騙的陷阱；它是深刻洞察力的產物，而這樣的洞察力，讓你能夠深入事物的核心，洞悉創造成功條件的內在規律。

ℬ機敏跟直覺頗為類似，是商業成功中的一個非常微妙、同時也非常重要的因素。要想擁有機敏，你必須有精細的感覺，必須有明確知道該說什麼、做什麼的直覺。要想擁有機敏，你必須擁有同情心和理解力。擁有非凡的理解力非常重要，因為所有人都能看、聽、感覺，但真正能夠「理解」的人卻少得可憐。機敏是預知即將發生的事情的晴雨錶，並能精確計算行動的後果。機敏讓我們保持身體上、精神上和道德上的純潔，因為在今天，這些都是成功所必須具備的素質。

ℬ忠誠，是把有力量、有品格的人聯結在一起的最強大的紐帶。任何人扯斷這樣的紐帶都將受到嚴厲的懲罰。寧願斷臂也不肯出賣朋友的人，朋友絕不會捨他而去。那些默默地堅守忠誠、甚至付出生命的代價也在所不惜的人，除了獲得進入信任與友誼的神殿准許之外，體內還會注入一股令人羨慕的宇宙力量，而只有這種力量才能吸引值得渴望的境遇。

❧個性，是展開我們所擁有的潛在可能性的力量，要特立獨行，要關注比賽的過程而不是比賽的結果。強者對那些自鳴得意地跑在自己身後的大批模仿者毫不在乎。他們不會僅僅滿足於成為一大群人的領導者，或者是得到烏合之眾的歡呼喝彩。這些只能取悅於胸襟狹小之輩。有個性的人更自豪於內在力量的開掘，而不是弱者的奴顏婢膝。個性是真正的內在力量，這一力量的發展及其作為結果的表達，使一個人能夠承擔起指引自己前進步伐的責任，而不是跟在某個我行我素的領頭人之後亦步亦趨。

❧靈感，是海納百川的吸收藝術，是自我認識的藝術，是調整個體心智以適應普遍理念的藝術，是給萬力之源加上輸出裝置的藝術，是區分無形與有形的藝術，是成為無窮智慧流動管道的藝術，是使完美形象化的藝術，是認識全能力量的藝術。

໑真誠，是一切幸福的必要條件。可以肯定，認識真誠，並自信地堅持真誠，是一種滿足，並且是其他任何東西都難以媲美的境界。真誠是最根本的真實，是所有成功的商業關係或社會關係的先決條件。不管是出於無知還是蓄意，每一次跟真誠相左的行為，都會削弱我們立足的根基，導致不和諧，以及不可避免的失敗與混亂。因為，每一次正確的行動，連最卑微的心智也能準確地預知它的結果；而如果違反正確的原則，對於其所帶來的結果，就連最偉大、最深刻和最敏銳的心智，也會暈頭轉向，迷失方向。

໑上述這些因素就是通向成功的階梯，那些在內心中確立了真正成功的必備因素的人，也就確立了自信，奠定了勝利的基礎，有了這些保障，就不會與成功失之交臂。

໑在我們的精神過程中，有意識的不到百分之十；另外百分之九十都是下意識的和無意識的。所以，僅僅依靠有意識的思想來產生結果的人，其有效性也不到百分之十。重大的真實，正是隱藏在下意識心智的遼闊領地裡，也正是在這裡，思想找到了它的創造性力量，它與目標相聯繫的力量，使無形的力量變成有形的力量。

而那些成功的偉人，都是找到開啟更大的精神財富倉庫的金鑰匙的人。

如同水往低處流一樣，電流必定總是從高潛能流向低潛能，熟悉電學規律的人都懂得這樣的原理，因此能夠讓這種力量被自己所用。那些不熟悉這一規律的人，便無法駕馭這一強大的工具。統治精神世界的規律也是如此。有的人懂得用心智滲透萬物，無所不在，反應迅速；他們能夠利用這一規律，控制條件、境況與環境。對此一無所知的人就沒法利用它，只是臨淵羨魚罷了。

這種知識所帶來的結果，原本就是上帝的恩賜；正是這一「真理」讓人解除了束縛，不僅是免於匱乏和侷限，而且還免於悲痛、煩惱和憂慮。而且，這一法則並不因人而異，不管你過去的思維習慣如何、你曾走過的路怎樣，它都會一視同仁，毫無歧視。

冥冥之中，我們總感覺到一股強大的力量在牽引著我們，我們自覺、不自覺地在追隨著它，這就是精神的力量。精神的力量控制並引導著已經存在的每一種其他力量，它可以培養、可以發展，沒有任何限制能夠置於它的活動之上。精神力量是世界上最偉大的事實，是治療一切疾病的靈丹妙藥，是解決一切困難的不二法門，是滿足一切願望的必循之路；事實上，它就是造物主為人類的解放而準備的慷慨供應。

第六部　成功需要一種追求成功的動機

人體內的兩大系統——腦脊髓神經系統與交感神經系統，分享著類似的神經能量控制系統，腦脊髓神經系統的器官是大腦，交感神經系統的器官是腹腔神經叢。前者是自覺的或有意識的，後者是不自覺的或下意識的。這兩個系統互相交織，對任何一個系統的刺激都會傳遞給對方。

從功能上看，可以把神經系統比做電報系統；神經元對應電池，神經纖維對應電報線路。電池裡產生的是電。然而，神經元卻並不產生神經能量。它們轉化能量，神經纖維則輸送能量。身體的每一活動，神經系統的每一刺激，我們的每一個想法，都要消耗神經能量。這種能量並不是像電流、光或聲音那樣的物理波，它們是「心智」。

我們以腦脊髓神經系統和大腦為媒介，才意識到自己所擁有的，因此，一切擁有皆源於意識。這種精神環境——意識——隨著我們所獲取知識的增加而不斷改善。知識是透過觀察、經驗和反思而獲得的。而小孩子未曾發育的意識，或者是傻瓜與生俱來的意識，都不能算是真正的意識。

✿擁有是建立在意識的基礎之上的，我們把這種意識叫做「內在世界」。我們所獲得的那些有形的擁有，則屬於「外部世界」。擁有內在世界的就是心智。讓我們能夠在外部世界獲得擁有的，也是心智。心智透過思想、精神圖景和行動來彰顯自己。每一種成功的商業關係或社會地位，奠定其基礎的基本原則，都是要認識到內在世界與外在世界的差別，客觀世界與主觀世界的差別。

✿神經系統是主人，它是透過心智來執行自己的權力的。因此心智是宇宙精神實現的手段，它是物質與精神之間的紐帶，是我們的意識與「宇宙意識」之間的紐帶。心智是「無窮力量」的門戶。神經系統跟心智的關係，就像鋼琴跟它的演奏者的關係一樣。心智只有當它賴以發揮作用的工具，在正確的時候才能完成表達。

✿思想是天生的喜新厭舊者，它是富有創造性的，總是不斷地創新。我們利用思想去創造條件、環境及其他生活經歷的能力，取決於我們的思維習慣。我們做什麼，取決於我們是什麼；而我們是什麼，則取決於我們習慣性地想什麼。因此，我們必須控制並引導內在的思考力量，使它更高效率地運轉。

☙浩瀚的宇宙看起來紛繁複雜，歸根究柢卻只有兩樣東西：力量與形態。思想就是力量，當我們認識到我們擁有這種「創造力」，還能控制和引導它並透過它作用於客觀世界的力量與形態的時候，我們也就完成了精神化學中的第一項實驗。

☙普遍適應的理念是無所不知、無所不能、無所不在的。普遍適應的理念是一切力量、一切形態之源，是作為萬物之基礎的「本體」。與固定的規律相一致，「萬物」源於自身，並被自身所創造和維持。這就是得到完美表達的創造性的思想力量。在它出現的每一個地方，它本質上都是一樣的，所有心智都是同一個心智，這解釋了宇宙的秩序與和諧。深刻領悟這一道理，生活中所有問題就都迎刃而解了。

☙普遍適應的理念在我們身上得到充分的體現，因此，在我們的內心，有著無限的力量、無限的可能，它們全都受到我們自己的思想的控制。因為我們擁有這些力量，因為我們與普遍適應的理念息息相關，所以我們有能力把逆境變為順境，把歧途變為坦道。

𝔰沒有任何限制能夠約束普遍適應的理念，因此，我們對自己跟普遍適應的理念合而為一這一點認識得越充分，我們所意識到的限制或匱乏就越少，所意識到的力量就越多。

𝔰不管是出現在宏觀世界，還是出現在微觀世界，普遍適應的理念都是一樣的，其相應彰顯出來的力量的不同，是由不同的表達能力決定的。一塊黏土和一塊相同重量的炸藥，包含了同樣多的能量。但後者身上的能量很容易被釋放，而前者身上的能量，我們至今尚沒有學會如何釋放它。

𝔰人類的心智有兩件外衣——顯意識的（或客觀的）與潛意識的（或主觀的）。我們一面透過客觀心智與外部世界建立聯繫，一面透過主觀心智與內在世界建立聯繫，二者缺一不可。在精神生活的所有層面上，心智都呈現出不可分割的統一與完整。雖然我們努力地想把顯意識心智與潛意識心智區別開來，但只不過徒勞無功，因為這種區分事實上並不存在，這樣處理只不過是為了方便而已。

𝔰潛意識心智是聯繫我們與普遍適應的理念的紐帶，我們透過潛意識跟所有力量建立起直接的關係。潛意識是一個記憶的倉庫，它儲存了我們透過顯意識心智所得到的，對生活的觀察和體驗。潛意識心智是培育思想的巨大溫床，無論是有意栽花還是無心插柳，潛意識都為這些種子提供養料。然後，思想開花結果後又帶著自己成長的果實，再一次作用於我們的意識。意識是內在的，而思想則是力量的外在表達。二者是不可分割的，沒有脫離思想的意識，意識始終是以思想為前提的。

ꝏ 憑藉思想的力量，我們把水變為蒸汽讓它承載重負，讓商品流通世界。我們已經捕獲了閃電，並將它命名為「電流」。我們已經馴服了江河，並讓無情的洪水成為我們的奴僕。我們創造了流動的宮殿，它們在深谷中開闢出坦途。我們勝利地征服了空氣。儘管我們依然停泊在銀河裡的銀色群島之中，但我們已經征服了時空。

ꝏ 如果兩根電線靠得很近，而且第一根電線攜帶的電負荷比第二根電線更大，那麼，第二根電線就會透過感應而從第一根電線接受部分電流。這一現象可以用來具體地說明，人類對普遍適應的理念的姿態。他們並沒有有意識地跟這一力量之源建立起聯繫，但是潛意識中卻已經受到了影響。

ꝏ 如果讓第二根電線接觸第一根電線，它就會盡其所能地負載更多的電流。當我們意識到力量的時候，我們就成了一根「生命的電線」，因為意識讓我們跟力量之間建立起聯繫。隨著我們利用力量的能力的增加，我們應對生活中的各種境遇的能力也在增強。

ꩤ外在的生活條件和環境條件，只不過是我們主導思想的反映。我們透過意識領會思想彰顯所渴望的條件。為了表達，我們必須在我們的意識裡，創造相應的條件。要不是悄無聲息地，就是透過重複，我們把這一條件印刻在潛意識裡。所以，正確思考的重要性遠遠超出你的想像。視而不見，充耳不聞，都讓我們不能理解。換句話說：沒有意識，就無法理解。

ꩤ建設性的思想會在潛意識中創造出一些傾向，這些傾向又把自己彰顯為性格。對於性格這個名詞，最通俗的解釋是：由天性或習慣在一個人身上留下的特殊品質，它把一個擁有這種性格的人跟所有其他人區別開來。性格有外向表達和內向表達。內向表達是意圖，外向表達是能力，二者分擔著性格的作用。根據引力法則，我們的經歷取決於我們的精神姿態。物以類聚。精神姿態是性格的結果，而性格也同樣是精神姿態的結果，二者互為作用與反作用。

ꩤ意圖賦予思想品質，把心智引向要實現的理想，要完成的目標，或者要實現的願望。意圖和能力，決定了我們的生活經歷。能力，就是不知不覺地與全能力量合作的能力。值得我們注意的是，意圖和能力必須保持平衡：當意圖大於能力時，脫離實際的「夢想家」就誕生了；當能力大於意圖的時候，結果就是急躁，會產生很多徒勞無益的行動。

℘從表面上看，似乎是「機遇」、「厄運」、「幸運」與「天命」等因素，在盲目地指揮著我們的每一次經歷。事實並不是這樣，每次經歷都由永恆不變的規律所控制。當我們發現規律並利用規律時，我們就把命運的指揮棒拿在自己手中了。

℘物質往往是透過它一定的外觀展示自己的，我們把這種外觀稱之為「形態」。由物質所組成的形態都是具體的、可見的和有形的。宇宙中的形態可以分為幾個等級類別：始終保持唯一形態的形態，或無機形態，比如鐵、大理石等等；有生命的形態，或有機形態，它有感覺，可以隨意運動，比如動物；還有一種形態，除了上述特徵之外，還能意識到自己的存在以及自己擁有的東西，那就是我們獨一無二的人類。

℘外部世界以個體的人為中心旋轉，有組織的生命、思想、聲音、光及其他振動，以及包羅萬象的宇宙本身，都向我們發出振動，光、聲音與觸覺的振動，喧囂與柔和的振動，愛與恨的振動，思想的振動，好與壞的振動，智與不智的振動，真與不真的振動。這些振動都指個體的人，無論是外在的還是內在的，也不管是顯意識還是潛意識。它們很少能抵達你的內心世界，大多都匆匆而過，驀然回首，蹤跡已杳。

儘管有些振動對我們的健康、力量、成功和幸福是極其有益的，我們卻無法抓住它們，沒把它們接收進內在世界裡。內在世界很敏感，這是一種捕捉外部世界的振動，並把它們傳送到內在世界的能力。敏感性，是意識的形態表現。

如果把意識界定為一個通用的概念，那麼意識就是外部世界作用於內在世界的結果。不管我們是清醒還是酣睡，意識都是感覺或知覺的結果。如此我們很容易認識到意識的三個層面，它們互相之間存在著巨大的差異。

首先是「簡單意識」，這是所有動物共同擁有的。它就是存在感，透過這種意識，我們認識到「我是誰」，以及「我在什麼地方」；透過這種意識，我們能感知形形色色的對象，以及五花八門的場景和狀況。這屬於意識的低級形態。

ꕥ其次是「自我意識」，這是所有人類（除了嬰兒及智力不足者）共同擁有的。它賦予我們自省的能力，亦即外部世界對我們內部世界所發揮的作用。作為人類思想交流工具的語言，就是自省的結果，每個單詞都是代表一種思想或觀念的符號，都能傳達特定的資訊。

ꕥ最後是「宇宙意識」，這是意識的最高層次。它超越了時空的概念，它也不受自身和物質世界的限制。宇宙意識是意識的最高形態，它和前兩種意識有著根本的區別，就像視覺不同於聽覺或觸覺一樣。宇宙意識跟前兩者都不一樣，其差別甚至超過視覺與聽覺的差別。一個盲人不可能對色彩有什麼真正的概念，然而，他的聽覺卻很敏銳，或者觸覺很敏感。但是一個人既不能憑藉簡單意識，也不能憑藉自我意識得到關於宇宙意識的任何概念。

ꕥ不可改變的意識法則是：意識發展到了什麼樣的程度，主觀力量也就發展到了什麼樣的程度，其結果彰顯在客觀對象中。

ꕥ直覺是把真理作為意識的事實呈現出來的普遍適應的理念的另外一種狀態。心智透過直覺認識真理，把知識轉變為智慧，把經驗轉變為成功，並把外部世界的事物帶入我們的內在世界，並且能夠立即判定兩種想法之間是否一致。

自我承諾：

- 要堅強到沒有任何東西能擾亂你內心的平靜。
- 要對你遇到的每個人談論健康、幸福和成功。
- 要讓你所有的朋友都感覺到：他們是有價值的。
- 要對每件事情都抱持樂觀態度，並讓你的樂觀變成現實。
- 只想最好的，只為最好的結果而努力，只期待最好的。
- 對別人的成功要像對自己的成功一樣充滿熱情
- 忘掉過去的失誤，去追求未來更大的成功。
- 要一直面帶笑容，時刻準備對你遇到的任何事物

微笑。

要拿出足夠多的時間來改進自己，使得你沒有時間去批評別人。

要大度得沒有憂愁，要高貴得沒有憤怒，要強大得沒有恐懼，要快樂得不允許煩惱存在。

要相信自己很棒，並向世界宣布這個事實——不是用響亮的言辭，而是用偉大的行為。

要活在這樣的信念裡：只要你真的相信自己是最棒的，全世界都會站在你這一邊。

——克里森．拉微笑

第七部　互惠使財富得到增加

ℰ墨西哥所丟掉的所有礦藏，從印度群島駛出的所有大商船，所有滿載金銀的傳說中的西班牙財寶船隊，跟現代商業理念每八小時所創造的財富比起來，還不如一個乞丐得到的施捨有價值。

ℰ金字塔的基座又大又穩固，但是高高在上的塔尖僅僅能站一隻鳥，然而它還是吸引了所有人的目光。世界上80％的財富掌握在20％的人的手裡。世界就是這麼不公平，貧富的差距還在擴大，財富正在向更少數的菁英分子集中。美國的進步要歸功於它2％的人口。換句話說，美國所有的鐵路，所有的電話，所有的汽車，所有的圖書館，所有的報紙，以及數不清的其他便利、舒適和必需品，都要歸功於其2％的人的創造天才，美國的百萬富翁也是這些人。

ℰ誰是站在金字塔尖的人，誰是世界的主宰，誰能擁有財富呢？我們從文明中所享受到的所有好處，又要歸功於誰？當然是那些創造性天才，那些有能力、有活力的人。不要以為他們是銜著金湯勺出生，靠繼承獲得了財富。這些菁英當中有30％的人是窮牧師的兒子，他們的父親每年賺的錢絕不會超過一千五百美元；25％的人是教師、醫生與鄉村律師的兒子；只有5％的人是銀行家的兒子。

ஐ那麼，究竟是什麼原因，使他們和普通人之間產生了如此大的差距，為什麼那2％的人成功地獲得了生活中最好的一切，而剩下98％的人卻依然掙扎在溫飽線上？可以肯定的是，這並不是機遇的問題，因為正如我們所知道的那樣，宇宙是由規律控制的。規律控制著太陽系的所有行星，以及太陽系之外的整個宇宙。規律控制著每一種形態的光、熱、聲音和能量。規律控制著物質的東西和非物質的思想。規律為地球蒙上了迷人的面紗，讓它充滿了慷慨的施捨。它不只是對某一部分人慷慨，任何人都可以從它那裡得到豐富的贈予。

ஐ金錢財富，恰如健康、成長、和諧及其他任何生活條件一樣必然、一樣肯定、一樣明確地受到規律的控制，這個規律是任何人都必須遵從的。許多人已經在不知不覺中遵從了這個規律，而另一些人則試圖更加充分合理地利用這一規律。

如果不想被歷史的車輪落在後面，如果想成為那個2%中的一員，你就必然要服從這一規律；事實上，新紀元，黃金時代和產業解放，都意味著那個2%將要擴張，直至優勢狀況逆轉過來——2%很快會變成98%。

人類不再是傀儡，被動地受自然和命運的擺布，人已經變得十分強大，可以不費力氣地控制劫數、命運和運氣，就像船長控制他的船、火車司機控制他的火車一樣容易。

萬物最終都可以分解為同樣的元素，並且可以相互轉變。由此可以看出事物之間的關係是互為關聯，而不是彼此對立。

一切事物都有顏色、形狀、大小和兩端。有北極，也有南極；有內，也有外；有肉眼能夠看到的，也有看不到的。所有這些，表面上似乎是對立，其實都不過是對這些對立面的一種表達方式而已。同一件事物的兩個不同的方面也有它們各自的名稱。然而，這正反兩面是相互關聯的，它們不是獨立的實體，而是事物整體的兩個部分或兩個方面。

這一規律的身影同樣也出現在我們的精神世界中，當我們說到「知識」和「無知」的時候，也不是強調它們的對立性，無知不過就是知識的匱乏，因而僅僅是表達「缺少知識」的一個詞而已，其本身並沒有任何準則。

❧「善」與「惡」是我們最常談論的道德世界的核心辭彙，「善」是有意義的，是可以觸摸感知的，而「惡」不過是一種反面的狀態，是「善」的缺席。儘管有時候「惡」也是一種非常真實的存在，但它沒有法則可循，沒有生命，沒有活力。我們知道這是因為它總是被「善」所摧毀。恰如真理摧毀謬誤、光明趕走黑暗一樣，當「善」出現的時候，「惡」就會自動讓路。因此在道德世界中只有一個法則，就是善的法則。

❧在產業的世界裡，我們總是說到「勞動」與「資本」這一對詞語，就好像存在兩個截然不同的類別似的。但是，資本是財富，而財富是勞動的產物。因此我們發現，在產業的世界裡也只有一個法則，這就是勞動的法則，或產業法則。

❧正如上個世紀末，世界倡導競爭一樣，這個世紀則是在人對和諧的呼喚聲中開始的。人們越來越清楚地認識到，和諧是一種隱約出現的新觀念，但是它的現身卻預示著新時代的黎明即將到來，人類歷史上的新紀元將要來臨；這樣的思想正迅速在人們的心裡傳播，正在改變著人與產業之間的關係。

ꩩ因果相循，每一個原因都會產生相應的結果，每一種境遇都是某個原因的結果，同樣的原因總是產生同樣的結果。那麼，是什麼為人類的思想帶來類似的變化呢？——例如：文藝復興、宗教改革和產業革命？始終是新知識的發現與討論要項。類似的事件似乎總在各個時代反覆地出現，這一點我們不得不注意。

ꩩ仔細研究人類進步的歷程，我們發現：產業集中化為公司和企業托拉斯，從而消除了競爭，以及隨之而來的經濟後果，這使得人們開始思考。因為競爭是進步的動力，而產業世界裡所發生的這一進展，其後果又會是什麼呢，進步會不會也隨之停止了呢？由此引發的思想開始逐步呈現出來，它正迅速發芽，在所有地方所有人的心智中迸發，把每一種自私的觀念排擠出去，這種思想認為：產業世界的解放即將到來。

ꩩ正是這種思想，喚起人類前所未有的狂熱；正是這種思想，集中了力與能量，它將一腳踢開所有阻擋它前進的絆腳石，現在幾乎沒有什麼力量能使它停止或後退了。

ℰ 創造的本能在我們每個個體身上都有生動的展現，人類生來就喜歡打破常規，不愛循規蹈矩，創造是人類的精神天性；普遍創造原則已經與我們的日常生活結合為一體。因此人類的創造活動是本能的、與生俱來的；它不能被根除，只會被盲目地濫用。如果這一偉大的力量被濫用了，被轉變為破壞性的通道，變成了嫉妒，這使他總是企圖毀滅那些依然擁有創造權力的同伴的勞動成果，如此就陷入了可怕的惡性循環。

ℰ 由於產業世界中所發生的變化，這種創造本能就失去了生命的活力，往日的威風不再。一個人再也不能建造自己的房子，再也不能修造自己的花園，也不指揮自己的勞動；他因此被剝奪了個體所能獲得的最大的快樂——創造的快樂、成就的快樂。

ℰ 思想是行動的領導，行動要聽從思想的指揮。如果我們希望改變行動的特性，我們就必須改變思想，而改變思想的唯一方式，就是用新的精神替換舊的過時的精神，用健康的精神姿態取代現有的混亂的精神狀況。

ℰ 思想的力量雖然產生於人類嬌嫩的大腦中，但它卻是迄今為止現存的最強大力量，它甚至可以無堅不摧，戰無不勝；它使其他所有的力量臣服於自己，按自己的意願去運行。擁有了思想的力量就等於擁有一個取之不盡、用之不竭的寶庫鑰匙。而這一知識直到最近才被少數人所擁有，它將成為這些人在人群中脫穎而出的寶貴優勢。那些富有想像力、富有遠見的人將會把這一思想引向建設性的、創造性的通道；他們會鼓勵、培養冒險的精神；他們會喚醒、發展和引導創造性本能。在這樣的情形下，世界在此之前從未經歷過的產業復興，將在不久的將來展示於世人的面前。

ഩ亨利．福特在《迪爾波恩獨立報》中具體地描繪了新時代的臨近。他說：

「人類如今正處於兩個時期的分界線上，一個是『使用便是失去』的時期，另一個是『不用便是浪費』的時期。人類已經意識到：無需承擔責任的童年時代已經永遠地結束了，人類之父也不再無私地提供慷慨的供給撫養。這使人們產生這樣一種感覺：我們使用的越多，留下的就越少。有一句諺語表達的就是這種感覺：『你不能吃掉蛋糕同時又擁有它。』兩全齊美的事情很少發生。」

在環境的考驗和鍛鍊下，人們變得越來越有智慧與現實，人們已經有了足夠的知識，懂得栽種與收割，學會了自給自足，懂得用不斷再生的農作物做自己的補給，而不是緩慢消耗天然資源的原始儲藏。這樣一個時代在不知不覺中已經到來：我們並不擔心因為使用我們的資源而造成浪費，而是擔心因為不使用而造成浪費。供應流是如此豐富而持續，使人們煩惱的不是「擁有不夠」，真正使人煩惱的恰恰是「不夠使用」。

你可以運用豐富的想像力，在頭腦中為我們所處的世界畫這樣一幅畫：在其中，供應是如此豐富，日夜困擾人們的心病不是用得太多而是用得不夠。這不僅僅是一幅畫，這是很快就會出現的現實。亙古以來，人類一直依賴於大自然在很久之前儲存起來的資源，維持自己的生存和發展，這些資源雖然豐富，但是終究有耗盡的一天。而如今，這一令人擔憂的情況改變了，因為人類找到了解決困難的方法。人類有能力創造出這樣的資源：它們能夠不斷再生，以至於唯一的損失就是不使用它們。有如此豐富的熱、光與力的供應，我們如果不充分加以利用就是一種浪費，一種罪過。這個時代如今正在到來，它的腳步聲已經很近了。

㊙燃料問題解決了，光的問題解決了，熱的問題解決了，力的問題解決了，就這些方面而言，實際上就是把整個世界從這四種千鈞重負下解放出來。整個人類也似乎卸下了背負多年的重擔，鬆了一口氣，好像一個新的春天已經為人類而降臨。但是又出現了另一個問題：燃料、光、熱與力的整體狀況得到了如此大的改觀，人們如何防止浪費而對這一切加以充分利用。

㊙我們的下一個時期就在我們的面前，這是毫無疑義的。我們正在接近的時代不是魯莽浪費的第一個時期，也不是精打細算的第二個時期，而是豐富充裕的第三個時期，它迫使我們利用、利用、再利用，以實現我們的每一種需求。當然，照例會有「自私自利」與「服務他人」之間的最初衝突，但「服務他人」會處於絕對的上風。個人地產上的煤礦，其所有權很容易得到承認，但江河的所有權呢？大自然自身就會斥責那個聲稱對一條江河擁有所有權的人。

㊙心智是精神的活動，想法是運轉中的心智，是人類內在心智的外部表現形式；

心智是精神上的人所擁有的唯一活動，而這唯一的活動卻足以承擔宇宙的創造性法則的全部職責。

ഇ當我們思考的時候，我們便啟動了一系列的「因」；而當我們的想法發布出來，並與其他類似的想法匯合在一起，形成了觀念，這便是「果」。如今，觀念獨立於思考者而存在，它們是看不見的種子，存在於每一個地方，發芽生長，開花結果，帶來千百倍的收穫。

ഇ從古到今，各行各業的人都追逐財富。「財富」是某種非常具體、非常切實的東西，我們可以獲得它、擁有它，被我們所專用、所獨享。不知何故，我們忘記了：世界上所有的黃金，按人均計算，每人只有很少的幾個美元。如果我們完全依賴於黃金的供應，一天的時間就可以把它耗盡。如果以此為基礎，我們就可以每天花掉成千上萬、數以百萬、甚至是數億美元，而最初的黃金供應並沒有改變。

ഇ其實黃金和一根刻度尺一樣，不就是一個量度標準，一個準則；有了一根尺，我們就可以度量成千上萬英尺；同樣的，有了一張五美元的鈔票，數以億計的人就可以使用它，辦法只不過是從一個人手裡傳到另一個人手裡。

❦因此，我們只要用一件物品作為財富的符號，代替黃金保持流通，每個人就能擁有他所想要的一切；任何需要都會得到滿足。如此一來，匱乏的感覺就會離我們遠去，不再對我們產生任何負面的影響。

❦很明顯的，我們要想從財富中得到什麼好處，唯一的辦法就是使用它，讓它處於流通狀態中，這樣其他人就會從中受益；然後，我們為了互惠互利而互相合作，將富裕的法則逐步推廣。

❦許多人以為把金錢緊緊地抓在手裡就是擁有了財富，這是過時的、典型的守財奴思想。其實獲得財富的唯一方式就是讓它保持流轉；而一旦有任何行動使得這一交易媒介的流通有阻斷的危險的話，那麼就會出現停滯、後退，甚至是產業的死亡。

❦財富是一個狡猾的精靈，它很難被抓住，更難以安於一處，財富的這種不可捉摸的特性，使得它特別容易受到思想力量的影響，使得許多人能夠在一兩年的時間裡獲得其他人努力一輩子也無法獲得的財富。歸根究柢，這還要歸功於心智的創造性力量。

ஐ海倫．威爾曼斯在《征服貧困》（The Conquest of Poverty）一書中對這一法則的實際運轉提出了一段有趣的描述：

人們幾乎普遍都在追求金錢。這種追求僅僅來自貪婪的天賦，它的運作被侷限在商界的競爭領域。它是一種純粹的外部行動，其行為方式並不源自於對內在生命的認知，而內在生命有其更美好、更正義、更精神化的渴望。它只是獸性在人的領域的延伸，任何力量都不可能把它提升到人類如今正在接近的神性層面。

因為這一層面上的所有提升，都是精神成長的結果，這種提升，其正在做的，恰好就是基督所說的，我們為了富有而必須做的。它首先尋求的是內心的天國，它只存在於這裡。在這個天國被發現之後，所有這些東西（外在的財富）都會接踵而至。

一個人的內心中，什麼可以稱之為天國呢？當我回答這個問題時，十個讀者當中沒有一個會相信我——絕大多數人對他們自己的內在財富完全缺乏認知。儘管如此，我還是要回答這個問題，真心實意地回答。

我們內心裡的天國，就存在於人類大腦裡的潛能當中，這種潛能的豐富程度是任何人做夢也想不到的。軟弱無力的人，其肌體之內也潛藏著上帝的力量；這些力量一直封閉著，直到他學會相信它們的存在，然後試圖展開它們。人們通常不喜歡反省，這就是他們為什麼不富有的原因。

在他們對自己以及自己的力量的看法中，他們被貧窮所困；對自己所接觸到的每一事物，他們都要留下自己信仰的印記。即使是一個打短工的人，如果能花足夠長時間地審視自己的內心，他就能夠認識到：他所擁有的才智，完全可以被造就得跟他所效力的那個人一樣強大，一樣深遠；如果他認識到了這一點，並賦予它應得的意義，僅僅這樣，就足以解開他的鐐銬，讓他迎來更好的境遇。

透過認識自我，他應該知道：他跟自己的老闆在智力上是平等的，或者可以變得平等；但需要的並不只是這樣的認識。他還需要認識法則，並服從它的規定；換句話說，要想讓自己攀上更高的位置，還需要更高的認識。他必須認識到這一點，並信任它，因為正是忠實而信賴地持守這一真理，他的生命才從身體上得以提升。

員工如果不是純粹的機器，任何地方的老闆都會為得到這樣的員工而歡天喜地——他們希望有頭腦的人參與他們的經營，並樂意支付報酬。廉價的希望常常是最昂貴的，就本質而言也是利潤最少的。隨著員工智力的不斷增加或者思考能力的不斷發展，對老闆來說，他的價值也就不斷增加；當員工的能力發展到能夠獨立做事的時候，就會有尚沒有發展到這樣程度的人來取代他的位置。

一個人對自己內在潛力的逐步認識，就是接近內心的天國，它將被彰顯在外部世界裡，並建立在那些與之相關的環境中。

一個精神陋室的設計方案，其本身就來自一樁看得見的陋室的精神，這種精神就表現在與其特徵相關的、看得見的外部環境中。

一座精神宮殿以與之相關的結果，發送出一座看得見的宮殿的精神。同樣可以依此論說疾病與惡、健康與善。

第八部　你真的會思考嗎？

☙美國參議員沃茲沃斯曾經說過：

「我祈願這一時刻的到來：美國的公眾輿論開始認識到，對社會進步來說，有機化學意味著什麼，科學研究意味著什麼。我們一直對推進物質資源的發展很感興趣——從地底下挖出鐵和煤，讓地面上長出農作物，積極從事運輸以及其他商業努力。作為一個民族，我們對科學研究所給予的關注和鼓勵都很少，但是，總統先生及各位參議員，未來的進步卻依賴於科學研究。正是那些在化學實驗室裡工作的人，為人類的進步鋪平了道路。」

ஐ他接著說：

「我相信，有機化學中就潛藏著解開過去和未來的祕密的方法。我相信，它在我國的奠立和維護，也意味著一億人民的幸福、進步和安全。

ஐ美國參議員弗里林海森說：

「當我們認識到正是德國化學家的天才，以及德國的化學工業在科學上所取得的進步，使得德國幾乎能夠在河道和港口暢通無阻的時候，當我們認識到下一場戰爭將要用化學品來攻打的時候，我認為，盡最大可能給予這一產業最高的保護，是我們的愛國職責。」

ஐ德國的科學家似乎偏愛化學，他們在化學領域取得的成就舉世矚目，科學上許多重要的發現都要歸功於德國化學家。如果不幸被弗里林海森言中，如果真有這麼一場戰爭的話，的的確確將要用化學品來打仗，那麼未來的所有戰爭都要透過對精神化學的理解來贏得，而應極少使用殺傷性武器。

想像一下，倘若你是一位叱吒風雲的將軍，站在主席臺上，正在檢閱一支龐大的大軍。軍人正邁著整齊劃一的步伐大步走來，他們四個人一排，全都是風華正茂的好男兒，他們來自德國，來自法國，來自英國，來自比利時，來自奧地利，來自俄羅斯，來自波蘭，來自羅馬尼亞，來自保加利亞，來自塞爾維亞，來自土耳其，當然還有人來自中國和日本，來自印度、紐西蘭、澳大利亞、埃及和美國，他們整天不停地向前行進，日復一日，年復一年，這支由千萬人所組成的大軍源源不斷地從你面前經過，走向戰場。壯士一去不復返，僅僅是因為身居高位的少數人更加關注有機化學而不是精神化學，他們都戰死沙場，獻出了寶貴的生命，這是多麼令人可歎的事！

這些戰士至死也不明白，武力總是會遇到同等的、甚或是更高的武力；他們不明白，低級的法則總是受控於高級的法則。富有聰明才智的男男女女卻不能做自己的主人，身居高位的少數人控制他們的思考過程。就像欠了永遠也還不清的債務一樣，他們終日被深深的悲痛折磨，因為他們發現：為了支付他們所承擔的債務的利息，他們必須工作一輩子；並且這些債務是世襲的，他們反過來將把這筆債務作為遺產傳給他們的孩子，然後再傳給他們的孫子，根本看不到窮盡的一天。

ᘐ密西根大學的校長馬里恩・勒魯瓦・伯頓說：

或許，如今我們能夠向一個人提出的最嚴肅的問題就是：「你會思考嗎？」檢驗一個人對社會是否有功效、是否有益，將集中在他使用心智的能力上。愛默生所發出的危險信號，最引人注目的莫過於他的呼喊：「當偉大的上帝把一個思想者釋放到這個星球上來的時候，千萬要當心。」只要我們能利用今日美國的精神力量，我們就能解決世界上的巨大難題。不是透過迎合偏見和階級利益，不是透過亂喊綽號諢名，不是透過欣然接受半真半假的事實，也不是透過膚淺的思考，而是透過細緻的、苦心的、精深的科學思考，結合明智而及時的行動，人類的文明才得以拯救，人類的自由才得以確保。民主的未來依賴於教育，因此，每一位忠誠的公民，每一位有自尊的個人，都必須抓住機會，掌握知識，激發心智。真理總是讓人自由，真理也總是只對善於思考的人才有用。

ஐ人民已經覺醒，開始進行積極的思考。如今情況已經完全改變了，情形已經大為不同，人們把過去用於喝酒閒聊的時間花在閱讀、研究和思考上，他們對自己的現狀思考得越多，他們所滿意的東西就越少。

ஐ而在此之前，每當人們不滿或不快的時候，就會聚集到附近的一家酒館裡，喝點小酒，讓酒精麻醉自己痛苦的神經，暫時忘掉那些煩惱。身居要位的領導人們對此都瞭若指掌，因為這個原因，英格蘭有了麥芽酒，蘇格蘭有了威士忌酒，法國有了苦艾酒，德國有了啤酒，而美國，由於它是一個複雜的移民國家，因此也就有了各種各樣的酒，它是讓人民保持「幸福而滿足」的最容易的方法。如果能讓一個人得到一杯比例合宜的酒精的話，他就已經得到了最大的滿足，而不會再去深究什麼。

ஐ幸福、繁榮和滿足，是清晰思考和正確行動的結果，清醒的頭腦能夠保證一個人明確地知道自己在做什麼，能夠理智地做出決定。而酒精則反其道而行之，醉人的酒精的目的就在於為人帶來一點小小的人工刺激，讓理性暫時停滯，從而擾亂人的行為和思維，阻礙人們作出正確的判斷。

❧有人認為啤酒比較溫和，不那麼容易使人麻木，對人的身體是非常有益的。但是，儘管啤酒可能不會那麼快地導致酗酒的習慣，但是它就像蠶食桑葉一般，開始的時候往往被人忽略，但是當它引起人們注意的時候，就已經發展到了無法控制的地步。它並沒有用那麼鋒利的銼刀去銼磨我們身體的器官，而是透過一個稍稍緩慢的過程，讓受害者走進他的墳墓，這當中，更多的是傻瓜的愚蠢，較少是瘋子的狂魔。

❧還有人把葡萄酒當作誘使酒鬼離開死亡之路的靈丹妙藥。但這樣並不能哄騙貪婪的欲望降低到符合冷靜和節制的要求。有人認為，葡萄酒會讓酒鬼得到恢復，或者能延緩疾病的前進，卻是治標不治本，不能根本解決問題。必須有足夠的酒精使人振作到快樂的狀態，否則他就會以不可抗拒的強硬要求大聲呼喊：「給我」；葡萄酒無法幫助產生足夠活躍的刺激，以喚醒萎靡不振的精神，或者讓已經衰弱的胃變酸，這時候就會求助於威士忌和白蘭地來完成慢性自殺工作。所以，即使沒有人因為葡萄酒而變成酒鬼，那也僅僅是因為把他交給了老天爺的緩期報復而已，這種報復更兇殘、更可怕。

鴉片貿易為英國人帶來了數百萬的利潤，卻有數百萬中國人被犧牲掉；同樣地，因為酒的銷售和流通為大銀行和信託公司提供了百萬美元的進帳，為公司代理人提供了十萬美元的酬金。而從另一個角度看，它促使大批群眾投票支持那些在道德上和政治上都已經破產的政黨。這對於少數人來說是牟利的好機會，但對於大多數國民卻是一場致命的災禍。

伍茲醫生的調查研究資料表明，最近三年，美國的死亡率從每千人十四人下降到了十二人，這意味著自從釀酒商的生意被禁止以來，每年挽救了二十多萬人的生命。來自公立學校的老師、學校和鄉村巡迴護士、窮人當中的福利工作者、知識份子、員警的頂頭上司和慈善組織的領袖們的報告中，幾乎一致表明：最近兩年裡，學校學生們的飲食、衣著、舒適和福利，有著自有紀錄以來從未發生過的顯著改進。

正確的判斷、寬闊的視野、豐富的知識和實踐的主動性，對於民族和個人的福祉來說是必不可少的。最高品質的政治才能和領導能力，對於進步和繁榮不可或缺。然而令人費解的是，依然有人支持修改《禁酒法案》。難道他們不懂得正如當一扇門被部分打開的時候，只需小拇指輕輕一推就足以讓它完全洞開一樣，所謂的「修改」只不過是「廢除」的另一種說法而已。這樣的法案透過無異於將人民曾經承受過的身體的、心理的、道德的、精神的退化和災難，以及所有的悲痛、苦難、醜行、恥辱和恐怖等等巨大的災禍，再一次降臨到受苦受難的人類身上。

❧下面是發表在《聖路易環球民主報》上的一篇題為《我們向何處去》的社論：

> 這是誰的錯？當我們的需求如此之大的時候，我們的資源卻如此之少，這個事實主要應歸咎於誰？對此不可能有其他的答案。是美國人民。是那些被人民挑選出來為立法和行政負責的人。唯一的選舉權力就掌握在人民的手上。這就是我國政府的基本原則。當我們的事情被管理得很糟糕時，如果我們不採取行動來得到更優秀的管理者的話，那麼我們就沒有權利去抱怨。但是，在這種危險的情形中，我們又看到了什麼呢？

人民是不是在尋求那些在智力、判斷力、知識及品格上，都符合改進政府狀況這一期望的人呢？他們顯然沒有這樣。相反地，他們轉而求助於那些主要以妨礙和破壞的能力著稱的人。

作為世界上最偉大的國家，其政府怎麼能用這樣一些材料來行使它的職能、維護它的偉大呢？他們不懂得如何建造，也不想去建造，他們的建議只不過是混亂無序，一幢建築物怎麼能靠這些人去完成呢？我們認為，毫無疑問，人們所發出的聲音，就是對當前形勢的大抗議，是民眾對許多擾亂並激怒公眾的事情感到不滿的大發洩。有很多理由不滿，這一點毋庸置疑，但不滿並不能為這些情形提供補救之道，人民所採取的方針不可避免地讓情況變得更糟。

我們所面臨的問題，必須在我們重新開始前進之前設法解決，而解決的辦法，只能來自建設性的頭腦。關於這一點，不可能有什麼爭論。然而，受託管理我們事務的人，其政治才能卻不是建設性的，而是破壞性的。結果會怎樣呢？

ഗ 國家作為一種社會存在，是由許許多多的最小單位——個人組成，政府只代表組成國家的所有個體的平均智力。當個人的想法發生改變的時候，集體的想法也會相應的做出調整，而我們卻試圖把這個過程反過來，試圖改變政府而不是個人，這樣違反規律而行事，成效往往事倍功半。但只要在智力上做很小的努力，就能夠輕而易舉地把當前的破壞性想法轉變為建設性的想法，在這樣的情形下，環境就會很快地改變。

ഗ 醫藥在治療人類的病痛的同時，也對其他器官造成或大或小的損傷。經濟學和力學中的每一次作用都必然帶來反作用，人類關係中每一次作用也會帶來同等的反作用，因此，我們需要懂得：物的價值取決於對人的價值的認識。任何時候，只要「物比人更有價值」的信條氾濫起來，那麼，把財富的利益置於人的利益之上的錯位現象就隨之出現了，其所產生的作用必然會帶來人們不願看到的反作用。

ഗ 十年之前，德國大城市的市政債券，以4%的利率在倫敦、巴黎和紐約銷售。馬克像美元和英鎊一樣穩定。德國公司的有價證券跟英國、美國的並排放在一起賣，那時三者價格相當，同樣的堅挺。但是誰也料想不到它們並不是絕對安全的。如今，一個德國馬克的價值，大約相當於百分之一美分。在一九二二年十一月的這一個星期裡，一共發行了六百十六億馬克，只有上一個星期的發行額超過了這個數字，是六百七十五億馬克。如此巨大的落差著實令人瞠目結舌，無言以對。

ஐ這些德國有價證券，利息照付，本金到期歸還，但是，用來支付的鈔票，其價值幾乎抵不上印鈔票的紙，因此，那些保守的德國投資者，那些只做「安全」投資的人，那些只購買利息不超過 4％或 5％的優先抵押債券的人，實際上一貧如洗。但作為補償，他們可以這樣反思：一個自由主義政府，允許人民擁有大量的啤酒，而當他們有大量啤酒的時候，他們就會興高采烈地讓別人替他們思考，因為利用這些啤酒，其目的並不在於產生深刻、清晰、持久而合理的思考。

ஐ成千上萬的美國公民節衣縮食地創立了一筆基金，指望在將來的日子裡，這筆基金能夠保證他們晚年的日子衣食無憂。現在一切都成為泡影，所有的心血都付諸東流。從今以後的十年裡，他們將靠什麼來維持生活呢？

ஐ所有人都必須牢牢記住：生活這宗大買賣，不應該按照經濟的方法來經營，因為投機和鑽營這一套在生活中是行不通的。任何試圖欺騙生活的人，最終只是欺騙了他自己。

為了造福人類，產生能夠給最多的人帶來最大利益的精神化學反應，應該把什麼東西跟思想進行化合呢？首先我們應該知道，思想擁有無比強大的力量，抱持良好的願望和理智的分析對它加以應用，會改善我們的生活，推動社會的發展和全人類的進步。但是如果思想被無節制地加以濫用，將產生可怕的後果，會為整個人類帶來災難性的破壞。

人類歷史上許多次戰爭就是濫用思想力量而造成的，也是培養不滿、無秩序和社會動盪的精神所帶來的後果。一九二二年的義大利就是活生生的實例，一些人出於某種目的鼓勵無政府的精神和不滿的精神，把政府交給那些只對個人的飛黃騰達感興趣的人，那時的義大利，只有墨索里尼一個權威，沒有下院，沒有上院，沒有國王，他的權力是絕對的。他可以廢除財政方面的所有法律，而應用自己炮製的新法律，他已經表示要對領取高工資的工人徵稅，「更多的是因為政治和道德的原因，而不是財政原因」。

歐洲一位著名的政治家這樣描述當前的情形：

「不幸的是，一場像一九一四～一九一八年的世界大戰這樣的戰爭，其所帶來的破壞是很難修復的。即使拿出全部的善意來對待被征服者，如果他憑藉誠實的勞動，真誠地渴望幫助世界擺脫血腥的夢魘，世界也依舊會長時間地繼續它絕望的漂泊，四顧茫然。

我們今天依然處在戰爭的延續階段，除非是和平時期的活力有了一個新的方向，否則這一階段很可能沒有盡頭。財政陷入了混亂，預算被人為地擺平了，匯率是六十五法郎兌一英鎊、十四法郎兌一美元，可怕地扭曲了紙幣的流通，不斷上漲的生活費用、罷工和股票市場的瞬息萬變，使得貿易和產業都無法開展；股票的積聚，就是四年戰爭的贖金。無論是對征服者還是對被征服者，這場世界性的大災難所帶來的都只能是全面的混亂。數以百萬的人並沒有因為五十二個月的死亡與毀滅的工作而被奉為神聖，因為在和平到來的第二天，世界就要重建。這樣的速度，其所需要的平靜遠遠超出了人類力所能及的範圍。」

ဢ我們應該還記得，在《聖經》中也有過類似的表述：

「因為那時必然有災難，從世界的起頭，直到如今，沒有這樣的災難，後來也必然沒有。若不減少那日子，凡有血氣的人，總沒有一個能得救的。只是為選民，那日子必然減少了。」

ဢ我們的胃就像一個大容器，它有極強的應變能力：對血液它是加速的循環，對活力它是彈性，對神經它是快樂或痛苦的振動，對愉快的靈魂之愛它是豐富飽滿。它是生活的銀索，是甘泉邊的金碗，是水塔旁的滑輪；當這些在履行它們各自的職責的時候，肌肉、精神和道德的力量也在和諧地發揮著作用，讓整個生命系統充滿了活力和歡樂。但是，當它出現故障而無法正常工作的時候，心智和身體的力量就會下降，疲乏、消沉、憂鬱和歎息就會隨著健康的潰敗，和生命之光的暗弱接踵而來。

ဢ經驗告訴我們，任何刺激都會作用於胃，胃部的肌肉緊張會超出食物和睡眠所能維持的程度，當它過了這個點的時候，就會產生虛弱——勞累過度的器官，它的放鬆，跟它所受到的異常刺激成正比。胃是有生命力的，生命的活力確保它正常地工作，它可能被不明智地上升到快樂和健康的音調之上，當然也會下降到之下。如果經常重複這樣的實驗，它就會產生一種不自然的胃音——自然的胃音對於快樂和肌肉活力是必不可少的——完全超出了常規自然食物的力量所能維持的限度，並創造出一片真空，其中除了充滿造成這種胃音的破壞力之外，產生不了任何積極的作用。如果持續人為地擴大自然音與這種異常音之間的差別，習慣就把它變成了第二天性。就像反覆地拉扯一根橡皮筋，最終的結果是使它失去彈性。

☙作為一般法則，對於強大心智的行動來說，強健的體格是必不可少的。像重武器一樣，心智在它發展的時候也會對身體形成反衝，並且會讓虛弱無力的體格搖搖欲墜，因此只有將自己變強壯，才不至於在發揮作用時傷了自己。

☙人類歷史亦是如此。曾經走在各國前列的埃及，在她自己的柔弱的重壓之下，最終灰飛煙滅。希臘的勝利，讓她陷入了東方的奢華，也讓時代的黑夜籠罩了她的光榮。而羅馬，她的鐵蹄曾蹂躪列國，撼動地球，卻目睹了她後來的歲月，心臟變得越來越衰弱，強者的盾牌被棄之如敝屣。

第九部　內在信念是健康的保證

一直以來，精神化學在醫學界的評價總是最廣泛的，但其積極意義已經被某些醫學從業者所重視，所肯定。奧斯勒醫生曾經說過：

「在治療學中，精神方法自始至終都扮演著非常重要的角色，當然，這在很大程度上未必被承認。大部分病痛的痊癒，其實都是信念在發揮作用，它讓精神振作，加快血液流動，而神經則不受打擾地扮演它們的角色。失去或者缺乏信念，即使最強壯的體格，也會變得衰弱，甚至走向死亡。當最好的藥也被絕望地放棄時，即使是一塊麵包或一匙清水，信念也能夠創造康復的奇蹟。對醫生以及他的藥物和方法的信任，是整個醫學專業的基礎。」

❧正如人們普遍承認的那樣，煩惱或連續的負面情緒刺激會打破消化系統的正常運行，使之發生紊亂。當消化功能正常時，饑餓感會在我們吃飽時得到抑制，在我們實際需要進食之前不會感到饑餓。在這種情況下，抑制中心就會恰如其分地發揮作用。一旦我們患上胃病，這個抑制中心就停止發揮作用，所以我們不時感到饑餓，最終導致已經受損的消化器官的過度勞累。類似的小麻煩，人類一直不曾避免。這種麻煩完全是局部的，不會引起大中心很多注意。但如果不適是源自一個根深蒂固的、無法輕易消除的原因，更為可怕的疾病就會不期而至。這時，它的嚴重影響一旦長期持續，麻煩就會遍及生物體每一個部分，甚至危及到生命。當發展到這種程度，只有大中心的管理有力、堅決而明智，紊亂才不會得以持續；一旦大中心出現軟弱無力的狀況，整個系統就隨時有可能全然坍塌，後果不堪設想。

❧林達醫生有這樣一種說法：

「自然療法」介紹了一種惡的理性觀念，由違背自然規律而引起，就其目的而言它是矯正的，只有遵循自然規律才能克服。如果不是有人在某個地方違反了自然規律，就不會出現所謂的痛苦、疾病和惡了。

♋違反自然規律的原因可能是無知、漠視、任性或惡意。「果」和「因」總是互相關聯的。

♋自然生活和自然康復的科學表明：人類的疾病，主要是大自然在努力消除身體的病態物質、恢復身體的常態的經歷；與大自然中任何其他事物一樣，疾病的過程在方式上也稱得上是井然有序，所以，我們一定不能阻止或抑制疾病，而是積極配合。由此，我們艱難而緩慢地記住了這樣一個至關重要的教訓：防止疾病的唯一手段就是「服從規律」，它也是治療疾病的唯一手段。

♋「自然療法」揭示了治療的基本規律、作用與反作用，以及病情急轉的規律，讓我們銘記了這樣一個真理：在健康、疾病和治療過程中，沒有所謂意外或反覆無常的事情發生，身體狀態的每一次變化，要不是與我們的生命規律相和諧，就是相衝突；我們只有完全聽任並服從規律，才有希望掌握規律，以此維持期待中的身體健康。

我們在研究疾病的原因和特性時，必須堅持從「生命」本身開始。切記：我們所謂的生命和活力的表現，造就了健康、疾病和治療的過程。

關於生命或生命力，流行著兩種差別很大的觀念：身體觀和生機觀。前者把生命或生命力連同它所有的精神和物質現象，都看作是組成人的身體——物質元素的電磁和化學活動。從這一觀點看，生命是一種「自燃」，或如同一位科學家所闡述的，其實是「一連串的發酵」。

現代科學正迅速地彌合生命的物質領域和精神領域之間存在的鴻溝，作為現代科學發展的結果，在觀念更先進的生物學家眼中，上述生命觀已經過時了。

後者呢？生命或生命力的生機觀，把生命力視為一切力量中的主要力量，來自於所有力量的中心源。這一力量，彌漫、溫暖了整個被創造的世界，使之充滿生機，表達「自然意志」、「理念」、「道」，表達偉大的創造性智慧。這種「自然巨力」，是地球旋轉的原動力，亦能推動組成不同的原子和物質元素的電子微粒和離子不停運動。

天然物質，並不能稱作是生命及其所有複雜的精神現象之源，充其量只是「生命力」的表達，是「偉大的創造性智慧」的彰顯，有人把這種智慧稱為上帝，也有人賦以梵天、道和氣等名詞，只是傳統時代人們的理解不同而已。

這種至高無上的力量和智慧，作用於人體內的每一個原子、分子和細胞，只有它，才是真正的「治療者」，這種「自然治療力」一直在努力修補、治療，以恢復完美。醫生所能做的，就是清除障礙，讓患者的內部和周遭重新回復正常，只有這樣，內在力量才能發揮最大優勢。

歸根究柢，大自然的一切，不論是稍縱即逝的想法或者是情緒，還是堅硬無比的鑽石或者是白金，都只是運動或振動的呈現，存在著無與倫比的協調與平衡之美。

「沒有生命的自然」是美麗而有序的，因為它的演奏跟「生命交響曲」的樂譜合拍。加入了人的演奏才會跑調。這是屬於他的特權或者說是禍根，因為他有自由來選擇行動。

在「自然療法」的手冊中是這樣定義健康和疾病的，為我們提供了更好的理解層面：

在生命的身體、心理、道德和精神層面上，組成人的實體的元素和力量正常而和諧地振動時，才會有所謂的健康，這完全符合大自然適用於個體生命的建設性原則。

而與大自然應用於個體生命的破壞性原則相一致，當組成人的實體的元素和力量進行反常且不和諧的振動時，疾病也因此誕生。

♋以怎樣的條件才能產生正常抑或反常的振動呢？解釋這個問題的答案就是：生物體的振動環境，必須與大自然在人的身體、心理、道德、精神和靈魂等生命和行動領域中，建立起來的和諧關係相協調。這個答案，已經得到諸多精神醫學家的證實。

♋在《精神醫學法則》（The Law of Mental Medicine）一書中，湯姆遜．傑伊．哈得遜說：

像所有自然法則一樣，就其應用來說，精神醫學的法則是普遍適用的；而且，像所有其他法則一樣，它也是簡單的、容易理解的。如果我們承認：在健康狀態中存在著一種控制身體功能的智慧，那麼接下來必然會得出這樣的結論：在生病的情形中，同樣的力量或能量沒能發揮作用。這種力量既然失敗了，那麼就需要幫助它；這就是一切治療手段旨在實現的目標。對於恢復身體的正常狀態，再聰明的醫生也不敢說能比「自然的幫助」做得更多。

需要這種幫助的正是精神能量，這一點沒人否認；因為科學家告訴我們，整個身體是由智慧實體的聯盟所組成的，每一個智慧實體，都以一種剛好適合其作為聯盟成員的特殊職責的智慧履行其自身的功能。事實上，任何生命都有心智，從最低級的單細胞生物直到人都是如此。因此，正是精神能量，使得身體的每一根纖維在其所有的狀態之下運動起來。有一個中央智慧控制著每一個這樣的心智生物體，這一點是不證自明的。

此一中央智慧，究竟只是身體的所有細胞智慧的總和，還是一個獨立的實體，在身體死亡之後還能夠維持獨立的存在嗎？這個問題，跟我們眼下所從事的研究並沒多大關係。對我們來說，只要認識到這一點就足夠了：這一智慧是存在的，且目前是控制性的能量，通常控制著組成身體的無數細胞的行動。

那麼，當精神生物體因為任何原因而未能履行其跟身體構造的任何部位有關的功能時，一切治療手段打算啟動的，正是這一精神生物體。因此，精神療法是啟動精神生物體的主要方法和常規方法。也就是說，精神療法對精神生物體的作用比其他療法更直接，因為它更清晰地作用於後者。儘管如此，但也絕不排除物理療法，因為所有經驗都表明：精神生物體對物理刺激和精神刺激都能做出回應。

因此可以有理由聲稱，在療法上，在其他條件相同的前提下，精神刺激在效果上必然比物理療法更直接、更積極，道理很簡單：一方面它是智能的，另一方面它是清晰的。然而必須指出，即使是在物理治療實施過程中，完全消除心理暗示也明顯是不可能的。極端者甚至聲稱，物理治療的全部效果都要歸功於心理暗示的因素，但這個說法似乎站不住腳。

有點把握的說法頂多是：物理治療，在其本身並不肯定有害的時候，是好的、合理的暗示形式，同樣被賦予了某種類似於安慰劑的療效。還有一點可以肯定：治療方法無論是物理的還是精神的，它們都必定會直接或間接地賦予控制身體功能的精神生物體以生機。否則的話，治療效果就不可能持久。

我們由此得出結論：所有療法（無論是物理的還是精神的）的治療價值，都取決於各自產生下列效果的能力：刺激主觀心智進入常規活動狀態，並把它的能量引入適當通道。我們知道：心理暗示比其他任何已知的治療手段都更直接、更積極地滿足了這個要求；而且，在外科領域之外的任何病例中，這就是為恢復健康而必須做的一切。它也是我們所能做到的一切。精神生物體是身體內部健康的基礎和泉源，宇宙中的任何力量，都不可能比啟動精神生物做得更多。誰也創造不出比這更大的奇蹟。

ஐ而克勞斯頓教授在對皇家醫學協會發表的就職演說中曾說：

我希望今天晚上能確定或強調一個這樣的原則，我認為，實踐醫學中對這個原則的考慮是不夠的，而且常常根本就沒有考慮。它建立在生理學的基礎之上，有著最高的實踐價值。這個原則就是：大腦皮層，尤其是精神皮層，在機體中擁有一個這樣的位置：在每一器官的所有疾病中，在所有活動中，在所有傷害中，必須以一個或多或少的利好或利壞的因素來看待它。從生理學上說，皮層是所有機能的大調節者，是每一種器官紊亂的永遠活躍的控制者。我們知道，每一個器官和每一種機能都被表現在皮層中，而且被表現得能把它們全都帶入正確的關係中，彼此之間互相協調，所以，它們全都可以透過皮層被轉換為一個生命整體。

生命和心智，是組成一個真實動物生物體的有機整體的兩大要素。人的大腦皮層是進化金字塔的頂峰，進化金字塔底座是由密密麻麻的細菌，及其它我們如今看到幾乎遍布自然界的單細胞生物所組成。它看來好像就是從最初起步的所有進化的終極目標。在大腦皮層中，其他的每一器官和機能都找到了它們的有機目的。在組織結構上——就我們迄今所知道的而言——它的複雜性遠遠超過其他器官。

如果我們充分認識到每一個神經細胞的結構（有著許許多多的纖維和樹突）以及神經細胞彼此之間的關係；如果我們能夠證明皮層是用來實現神經能量的普遍交互的器官，連同它的絕對一致，它的局部定位，以及它為心智、運動、感性、營養、修復和排泄所做的奇妙安排——當我們充分認識了所有這一切的時候，對於大腦皮層在器官等級中的支配地位，就不會有進一步的疑問了，對它在疾病中的最高意義也就沒什麼疑問了。

Ꮚ這在病例中已經得到佐證。《柳葉刀》雜誌記錄了巴爾卡斯醫生的一個病例：

一個五十八歲的女人被認為所有器官都有病，哪兒都痛，她嘗試過每一種治療方法，但最後被純粹而簡單的精神療法給治好了。醫生讓患者確信她目前的狀況肯定會導致死亡，並讓她深信：倘若由富有經驗的護士來護理的話，某種藥絕對能治好她的病。然後，便在每天的七點、十二點、十七點和二十二點給她一湯匙蒸餾水，繼之以精心的護理。不到三個禮拜，所有疼痛都消失了，所有病都治好了，而且一直未曾復發。這是一次把任何物理治療都排除在外的頗有價值的實驗，它證明僅僅透過精神因素同樣可以治癒一種病。當然，它通常也可以跟物理治療結合起來。

ണ包括你我在內的很多人都很容易相信，只有神經疾病或機能疾病才可以透過心理方法或精神方法來治療，但事實並非如此。阿爾弗雷德·斯科菲爾德在《心智的力量》（The Force of Mind）一書中說：

在一份已發表的二百五十個病例的清單中，我們發現了五例「肺病」，一例「髖關節壞死」，五例「膿腫」，三例「消化不良」，四例「內症」，二例「咽喉潰瘍」，七例「神經衰弱」，九例「風濕病」，五例「心臟病」，二例「手臂萎縮」，四例「支氣管炎」，三例「弱視」，一例「脊骨斷裂」，五例「頭痛」。這些病都是同一年上倫敦市北的一家小禮拜堂的治療結果。

國內和歐洲大陸的溫泉療養地（有著川流不息的含硫磺和鐵的礦泉水）的「治癒」是怎麼回事呢？

醫生真的歸功於溫泉療養地、真的打心眼裡相信這些病例中的所有治癒都是透過水和食物、甚或是透過水和食物和空氣實現的嗎？或者，他真的不認為一定還有「別的東西」嗎？請走近療養院、進入所有事情的中心，以及他所有祕密的內室吧：在他自己的診所裡和他自己的執業實踐中，醫生難道不曾面對他自己也無法解釋其原因的治癒——是的，還有疾病嗎？當他繼續使用本地醫生所發明的療法時，他難道沒有經常為它的療效而感到驚訝嗎？

任何一個富有經驗的醫生難道真的懷疑這些精神力量嗎？他難道沒有認識到如果把「信念」的因素添加到他的處方中，常常會讓他的藥更加有效嗎？他是否透過實驗認識到了堅稱藥物一定能產生如此這般的效果的這一做法的價值呢？

那麼，如果這種力量真的那麼廣為人知的話，究竟為什麼會被忽視呢？它有自己的作用規律，它的侷限性，它的或好或壞的力量；它難道不能給醫科學生明顯的幫助嗎？如果他的老師向他指出這些，而不是他從一大堆毫無規律的成功中瞎琢磨出來的。

然而，我們終究還是傾向於認為，一場無聲的革命正在醫生們的頭腦中緩慢發生，我們現在這些關於疾病的教科書（僅僅滿足開出數不清的處方，再結合一點作為嚴肅考量而殊無價值的精神治療），最終將會被其他包含我們這個世紀更有價值的觀點的教科書所取代。

第十部　健康要有平常心

ꕥ維吉爾說：「找到了事物原因的人是幸福的。」

ꕥ梅奇尼科夫認為，科學的最終目的，就是透過衛生及其他預防措施，使世界擺脫苦難。他在研究過身體之後，所嘗試的事情就是把倫理應用於生活，這樣生活才會過得豐富，這才是真正的智慧。他把這種狀況稱為「正常生活」。

ꕥ梅奇尼科夫夫人轉述她丈夫的觀點說，如果我們想要經歷生活的正常週期──即「正常生活」，我們的生活方式就必須依據理性的、科學的時間表去改變、去指導。對於所有人來說，除非知識、正直和團結在人們當中不斷增加，除非社會環境更友善，否則，正常生活是不可能實現的，這和人類的道德基礎是並行不悖的。

ꕥ像人類所擁有的其他的能力一樣，信念也有一個它賴以發揮作用的中心──松果腺。信念透過人體的器官來暗示自己，因此是「身體的」，就像疾病可能是「精神的」一樣；精神和身體只是人這個既偉大又普通的個體的組成部分。疾病的治療需要用到「宇宙力」，這種力量可能以不同的形式，如上帝、大自然、自然治療力、氣和神來彰顯，但是無論以何種方式，都無外乎物質手段或者精神手段。

❧巴特勒醫生告訴我們：「柏拉圖說，人是一株根植於天上的植物。我很同意這個說法，但他也是一株根植於地上的植物。」事實上，可以說人有兩個起源，一個是塵世的、肉體的，另一個是精神的，不過後者源於前者——所以，最終的起源是一個。

❧人是一個生物體。德・昆西把生物體定義為一組部分作用於整體，反過來整體又作用於所有部分的有機體。這個定義簡單而真實。

❧具有諷刺意味的是，心智儘管是人類生物體作用與反作用的主要部分，通常也是決定性的部分，但它卻未被納入正規醫學研究的範圍，否認它是幾乎所有並非由傳染引起的身體疾病的主要原因。但近年來，身體中毒和內分泌紊亂開始越來越引起人們的重視，醫學研究者們也開始試圖在身體之外的作用機制中尋找答案，並將它明確地定位於心智的狀態。這些狀態開始進入診斷學的範圍；先進的醫學技術也把它們納入了治療學中。

🙞其實人們關於心智對身體有何影響的研究開始得很早，甚至可以追溯到希波克拉底，或許比他更早。十四世紀的時候，曼德維爾就曾贊成讓一個求醫問藥的人背誦幾首《讚美詩》；他也不反對透過朝聖來尋求健康——他認為，在善的潛力巨大的時候，百害莫侵。在朝聖的路上（通常是步行，大部分時間在戶外度過），體育運動的價值幾乎用不著指出。在中世紀及其稍後，許多名醫都堅持要患者（不管他們多有錢，出身多高貴）從他們的住處徒步前來求醫，而且要十足的謙卑，否則就拒絕醫治，這種辦法治好了許多嗜睡症和肥胖症。這些都是古代心智應用的實證。

🙞羅耀拉說：「要帶著萬事全靠你的想法去做每件事，然後，彷彿萬事全靠上帝那樣去期待結果。」這闡述的是一種做事的態度，一種心智狀態。

🙞相對於那些固執、酸腐的學究們，各康復學派的最明智、最寬容、最開明的解釋者總是慷慨地承認，其他學派的價值和本學派的侷限。那些負責任的、真正尊重職業榮譽的醫學人員，在處理科學的時候會使用所有有益的、建設性的手段。因此，有一位傑出的神祕論者說：

在錯位、脫臼或骨折等病例中，獲得解救的最快捷的辦法就是去請一個有能力的醫師或解剖專家，讓他去護理受傷的部位或器官。在血管或肌肉破裂的病例中，應該立即尋求外科醫生的幫助。這倒不是因為心智治不好任何病或上述病症，而是因為：在當下，即使是在受過教育的人當中，心智在很多時候都因為誤用或不用而軟弱無力。為了避免不必要的痛苦並盡快痊癒，精神治療應該配合著這些身體治療。

꧁先賢威廉．奧斯勒爵士說：

「科學的救助，就在於對一種新哲學的認識——這就是柏拉圖所說的『科學之科學』（Scientia Scientiarum）：『如果研究這些學科深入到能夠弄清它們之間的相互聯繫和親緣關係，並且得出總體的認識，那我們對這些學科的一番辛勤研究才有一個結果，才有助於到達我們既定的目標，否則就是白費辛苦。』」（《舊人文與新科學》，The Old Humanities and the New Science）

🙞科學家們假設，只有一種物質，並因此推論出：科學就是這種物質而非其他物質的科學。然而他們卻不得不面對這樣一個事實：他們的這種物質被分開了，而且，當他們把它分解到最細微的程度時（例如原生質），就不得不面對比他們所熟悉的，或者能夠充分解釋的規律更高的規律。然而，許多視野更寬廣的科學家卻開始看到了「第四度空間」，並承認這樣一個事實：可能存在完全超出化學試驗和顯微鏡頭之外的物質。

🙞一個嶄新的時代正在向我們走來，電報和無線電如今已經普遍應用於我們的日常生活，利用所有的資訊和知識通道四通八達、暢通無阻。因此，疾病從所有已知的康復技術中受益，便也指日可待了。

🙞每個人都有自己的精神特性，所以必定存在著統治精神世界的基本法則，無論受重視與否，這些精神法則都要發揮作用。醫生總是由於拒絕承認患者的精神特性而害人不淺，而玄學家們則走向了另一個極端，他們總是由於不承認患者的身體是內在精神的肉體表現，不承認身體的狀況只是精神的表達，而貽誤蒼生。

🙰有了近些年所湧現出的關於心智的智慧作為堅強後盾的證例，我們立即認識到：病原體不僅是疾病的原因，而且也是疾病的結果，而過去被認為是疾病的罪魁禍首的細菌，是疾病產生的結果而不是導致疾病的原因。

🙰結果是顯性的而原因是隱性的，因此我常常只找到結果而找不到原因。只處理「果」而不找誘因，治標不治本，不過是用一種形式的痛苦去替代另一種形式的痛苦，不能根除疾病。如果我們的目的是要救治痛苦，要想標本兼治，那麼我們就該去尋找導致「果」產生的那個「因」，而這個「因」絕不可能在「果」的世界中找到。

🙰在這個新的時代，反常的精神狀態和情緒狀態馬上就會被發現，並得到糾正。毀滅中的生物組織會被根除，或者透過醫生治療時的建設性方法而得以重建。反常的損害會透過建設性的治療而得到糾正。但是，比所有這一切都遠為重要的，是主要的、本質的觀念，是所有結果賴以為基礎的觀念，而且，不要讓任何不和諧的或破壞性的思想接近患者，對患者及其周圍的人來說，所有的想法都應該是建設性的，因為每個醫生、每個護士、每個看護和每個親友最終都會認識到：想法是精神性的事物，它們一直在尋求彰顯，一旦找到沃土，它們就會立即生根發芽。

❧有的患者的反應不十分靈敏，不能立即對客觀世界的想法和影響他們健康狀況的周圍環境作出及時準確的反應。甚至有的患者會把偽裝了的破壞者誤認為是來拯救自己的天使心腸的慈善家，而報以熱烈的歡迎。這些歡迎將是下意識的，人們總是受潛意識的支配而行動。

❧顯意識的心智只透過感覺器官即眼、耳、鼻、舌、身來感受客觀世界，接受想法，使人產生視覺、聽覺、觸覺、味覺和嗅覺這五種感覺。

❧與顯意識不同的是，造物主沒有明確規定哪些器官是專門用來感受潛意識的。下意識想法則是透過任何受到影響的身體器官來接收，並把接受到的想法具體化。首先，有數百萬的細胞化學家準備並等待執行它們所接收到的指令。其次，由巨大的交感神經系統所組成的整個通信體系，會延伸到每一根生命纖維，準備對輕微的情緒做出反應：快樂或恐懼，希望或絕望，勇敢或無力。接著有一連串的腺體所組成的完整的製造車間，細胞化學家們用來執行指令的所有分泌物都是在這裡製造的。然後有整套的消化器官，食物、水和空氣在這裡被轉變為血液、骨頭、皮膚、頭髮和指甲。然後有供應部門，源源不斷地把氧、氮和醚送入生命的每個部分，它的全部奇蹟就在於：醚使得細胞化學家所要用的每一樣東西都處在溶解狀態，因為醚把細胞化學家在製造一個完美個人的時候所需要的每一種元素，保持在純粹形態中，而食物、水和空氣則把這些保存在次要形態中。

✿下意識就像一個規模宏大的工廠，擁有一整套排泄廢料的裝備，以及一整套修復各部門的裝備。在我們周圍或許存在各種各樣的通訊信號，但如果我們不利用放大器，就接收不到任何資訊，我們的下意識無線電也是如此。如果我們不設法讓潛意識和顯意識分工合作，我們就認識不到：下意識在不斷地接收某種資訊，並不斷地在我們的生活和環境中把這些資訊具體化。

✿如此高效而完備的系統就是造物主親自發明和設計的機能，並把它置於潛意識心智而不是顯意識心智的監管之下。人類需要時刻謹記的是：潛意識往往要依靠顯意識而得以彰顯，當潛意識心智和它所有神奇的機能與「普遍適應的理念」相協調時，是受顯意識心智控制的，在普遍適應的理念中，所有這一切都保持著開放的狀態。

處於自然世界中的人或物，為了認識那些有待於我們去認識的新觀念，必定要從自然的層面上升到超自然的層面，從感性認識上升到理性認識。這一層面是透過內心的平和來達到並實現的。

造物主為人類想得很周到，我們人體內部是一個和諧的系統，平和的內心促成細胞的協調，使之產生自動的修復過程，從而使疾病得以恢復。所以，我們必須記住，不能餵細胞吃，而應讓它們自己吃；任何企圖強迫它們接受超過它們所需的努力，都會導致災難。它們自動接受它們所需要的，拒絕對它們有害的，不需要外力的干涉。

思想比所有的言辭更深刻，感受比所有的思想更深刻，一個人絕不可能把自己尚未學會的東西教給別人。

——哈奈爾

第十一部　你必須發自內心地相信自己

亨利・布魯克斯先生的著作《自我暗示的實踐》（The Practice of Auto-suggestion）提及了他在埃米爾・庫爾醫生的診所進行的一次有趣且極富教益的拜訪。這個診所位於南錫市聖女貞德路盡頭庫爾醫生宅邸內一座怡人的花園裡。亨利・布魯克斯先生說，當他到達時，已經人滿為患，但還有人不斷想要進入。一樓都已經被人全部佔據，門口還擠滿了人，所有的椅凳都坐滿了前來求診的虔誠患者。

他接著講述，庫爾醫生大部分不同尋常的治癒病例，僅僅是給患者以暗示：康復的力量其實就潛藏在他自己身上。還有一家由考夫曼小姐負責的兒童診所，在這項工作中，她毫不吝嗇地投入了自己所有的時間和精力。

布魯克斯認為，庫爾醫生的發現，可能會為我們的生活和教育帶來深遠的影響，「它讓我們懂得：生活的重負，至少在很大程度上是我們自己造成的。我們在自己身上以及在周遭的環境中重現了頭腦中的想法。更深層次地說，它為我們提供了一種避惡揚善的手段，改變我們原本壞的想法、鼓勵好的想法，從而改善我們的個體生命。這個過程並非終止於個人，社會的思想在社會環境中被認識，人類的思想在世界環境中被認識。從幼年起就培養一代人的自我暗示的知識和實踐，對於這樣一個社會問題和世界問題，我們又該採取怎樣的態度呢？一旦我們都在自己的內心找到了快樂，那麼，是否會繼續貪婪，想要擁有更多呢？自我暗示，需要改變態度、重估生命。如果我們一直面朝西方，我們就只看得到烏雲與黑暗，而只要輕輕地回過頭，就能看到壯麗的日出以及更為寬廣的視野。」

ↀ醫學博士范·布倫·索恩一篇類似的文章也在一九二二年八月六日的《紐約時報》上發表，文章評價庫爾醫生的工作說，埃米爾·庫爾精心設計的這套治療精神和身體疾病的體系，其本質可以概括如下：

個體擁有有意識和無意識兩種心智，心理學家稱後者為潛意識心智，一直扮演著顯意識心智謙卑而溫順的僕人。它主管和監督我們內部組織的食物消化，肌體修復，廢物排泄，以及重要器官的功能和生命本身的持續。

庫爾醫生認為，當有意識心智中產生要額外努力修復某種缺陷（無論是身體還是精神的）的想法時，個人要做的，就是把這個想法明白無誤地傳達給潛意識心智，這位謙卑溫順的僕人就會立即服從指令，不存在任何質疑。

ഇ庫爾醫生、布魯克斯先生，以及許多法國、英國及歐洲其他地方的名流政要都曾聲稱：他們直接觀察過許多病例，可以稱得上是奇蹟的結果。而對於那些因不曾目睹過這一治療形式所能產生的神奇療效，且對此抱有懷疑態度的人來說，不妨讓他們知道庫爾醫療法的三個實例，很可能他們就會改變態度。首先，庫爾醫生多年來一直免費為有需要的患者服務；其次，他總向病人坦言：自己並沒有治療的力量，一輩子從未治好過一個人，關鍵在於患者本身，自己才能真正拯救自己；第三，任何人在治療的過程中無需任何諮詢以及其他任何人的幫助。還可以補充一點：即使是一個孩子，一旦領會了顯意識心智和潛意識心智這個事實，並能正確地加以運用，他就能成功地進行自我治療。

ꟼ在此書的封面上，布魯克斯先生引用了《新約．哥林多前書》中的一句話：「除了在人裡頭的靈，誰知道人的事。」選擇這句話，布魯克斯是將它作為《聖經》中提及顯意識心智和潛意識心智存在的證據。但是，其所使用的方法或其結果可能具有的宗教意義，不論是庫爾醫生的治療，還是布魯克斯的這本關於治療的書，最終都沒法詳細闡明。

ꟼ庫爾醫生在南錫所進行的醫療實踐，之後得到了迅速傳播，然而，他堅持認為，這套方法的治療效果的公認與傳播得益於一句口碑：「日復一日，我在各方面都越來越好。」他並沒有強調他所謂的治療的宗教意義，然而，布魯克斯先生說：「那些具有宗教情懷的人，如果真的希望把這句口頭禪跟上帝的關懷、保護掛鉤，也可以這樣說：『日復一日，在上帝的幫助下，我在各方面都越來越好。』」這種療法的成功之處，就是要在顯意識心智中產生這樣的信心：它所強調的，在其表面價值上被潛意識心智所接受，正如布魯克斯說的：「一個想法進入顯意識心智，一旦被潛意識心智所接受，就會變為事實，形成我們生命中一個永遠也無法消除的要素。」

☙現在，讓我們追溯一下這本書的創作過程，以便瞭解庫爾醫生的工作。布魯克斯先生出生在英國，很有興趣直接觀察庫爾醫生在南錫的工作。庫爾醫生在此書的序言中說，頭一年的夏天，布魯克斯先生對自己做了一個訪問，花了幾周的時間。他是第一個帶著明確的研究目的——有意識的自我暗示方法——來到南錫的英國人。為接近這個目標，他參加了庫爾醫生的會診，完全掌握了這個方法。兩個人接著一起反覆研究了這種療法所依據的諸多理論。

☙庫爾醫生說，布魯克斯先生能巧妙地抓住治療方法的本質，並以自己簡單而清晰的方式表達出來。他還說：「不論是需要獲得治療的病人，抑或是為了防止將來生病的健康人，都應該遵循這種方法。我們能夠透過踐行靠自己的力量確保自己長壽，能擁有極好的健康狀況，不論是心智健康，還是身體健康。」

☙接下來，就讓我們隨著布魯克斯先生去拜訪庫爾醫生的診所吧！房子的後面是一座花園，鮮花盛開，果實纍纍，令人心曠神怡。患者坐滿了花園的長椅，候診室和會診室內都擠滿了來自四面八方的患者，有男人，有女人，還有孩子……

庫爾讓患者確信自己正在一點點好轉，並補充說：「你曾在自己的潛意識裡播下了壞的種子；如今，播下些好的種子吧！之前的那種力量，將同樣帶來好的結果。」

對一個抱怨連天的女人，他說：「夫人，您過於執著於自己的病了，太多的想法正在為您創造新的疾病。」對一個患頭痛的女孩、一個眼部紅腫的年輕人、一個患靜脈曲張的工人，他不厭其煩地反覆說明：他們的痛苦將在自我暗示中被完全解除。他走向一個神經衰弱的女孩，這個女孩已經來過診所三次，並在家裡遵循這個方法做了十天的治療。

她說，她正在好轉。如今她吃得香、睡得好，正開始享受全新的生活。之後，一位曾經是鐵匠的高大農民引起了他的注意。他說，差不多十年來，他不能把手臂抬到肩部之上。庫爾預言，他會徹底痊癒。再之後，他開始關注那些自我認定已經受益的患者。一個女人胸部有令她疼痛的腫塊，被醫生診斷為癌症（在庫爾看來，這一診斷是錯的）。她說，經過三週的治療，自己已經完全康復了。

另一位患者則成功地戰勝了貧血，體重增加了九磅。第三位患者說，自己的靜脈曲張潰瘍已經治好了。第四位患者，一個被認定會終生口吃的人，聲稱自己已經痊癒。

此時，庫爾再將注意力轉向之前的那位鐵匠，對他說：「十年來，你一直認為自己不能把手臂抬到肩部之上，所以你確實做不到，因為我們所想的，會讓我們誤以為是事實，現在，你轉變思考，對自己說：『我能抬起手臂。』」鐵匠滿臉疑惑，半信半疑，嘀咕著：「我能抬起手臂」，並試著做了一次，說手臂很疼。

「堅持住，別放下，」庫爾用命令式的口氣對他大喊：「你要想：『我能，我能！』然後慢慢閉上你的眼睛，以最快的速度跟著我重複：『起來了，起來了。』」

半分鐘後，庫爾說：「現在，認真想：你能抬起手臂。」

「我能，」此人開始對此深信不疑，然後高高舉起了手臂，很得意地保持著這個姿勢，讓所有人都見識到這個成果。

庫爾醫生平復了一下自己的情緒，說：「我的朋友，恭喜你已經把自己治好了。」

「不可思議，簡直太難以置信！」鐵匠還是一頭霧水。

庫爾請他拼命擊打自己的肩膀，以此來確信事實的存在。於是，有節奏的擊打落在醫生的肩膀上。

「夠了，」庫爾喊了一聲，順勢躲開鐵匠那重錘般的拳頭，「你可以回到你的鐵砧旁去了。」

此時，他轉向了下一號患者，那個步履蹣跚的男人。那個人被剛才的一切所鼓舞，心裡揚起了信念的風帆。在庫爾的指導下，他果然控制住了自己，在短短幾分鐘內，就真的能從容前行了。

庫爾繼續說：「當我看完門診時，你應該有能力在花園裡跑動了。」預言很快應驗了，患者以每小時五英里的速度繞著圍欄輕鬆地跑了起來。

接著，庫爾概括了一些特殊的暗示。他讓患者閉上眼睛，用低沉、單調的聲音對自己說如下的話：

「我即將說出的每個字都將銘刻在腦海，它們會一直固定在那裡，所以，如果沒有你的意志和認知，沒有以任何方式意識到正在發生的事情，你自己以及你的整個生物體都會服從它們。讓我告訴你，首先呢，每天早、中、晚吃飯的時候，你都會感覺到饑餓；也就是說，你會感覺到：『要是有什麼吃的東西就好了！』然後，你大快朵頤，盡情享受食物，但絕不會吃太多。要適可而止，然後你就會本能地知道什麼時候算是吃夠了。你會充分地咀嚼，把它轉變為糊狀，然後再下嚥。這樣，你會很好地消化食物，不會讓胃和腸部感覺不適。完美地執行消化過程，你的生物體會盡最大可能利用食物去創造血液、肌肉、力氣和能量，一言以蔽之——創造生命。」

ꕥ布魯克斯說：「庫爾醫生與考夫曼小姐他們把個人財富和整個生命都投入到了為他人服務的工作中。不論在多麼困難的時刻，他們從未收過患者一分錢，也從未拒絕過任何患者。如今，這種療法已名聲遠揚。庫爾在自己的這項工作中花費了大量時間，有時一天甚至多達十五、六個小時。在『誘導自我暗示』的治療領域，他堪稱翹楚。」

ꕥ韋爾特默先生在《再生》（Regeneration）一書中說：

人類所參與的最近的一場戰鬥，如今正在繼續。這不是一場大炮和利劍的戰鬥，而是一場觀念的衝突。它不是破壞性的，而是建設性的。它不是一場毀滅之戰，而是一場完成之戰。它不會加深衝突，而是要確保和諧。它不會把人類大家庭結合在一起，編織進結合與聯合、會所與聚會中；而是讓人類種族個性化，人人都將特立獨行，承認自身之內存在所有的可能性，承認自身之內所有的神性法則，組成完美整體的一部分。

當一個人這樣看自己的時候，他就會看到這個內在的王國，不是在他的內心，而是在所有人的內心。我們必須設想：要完成我們決心要做的工作，其力量就存在於心智之中；但在我們把這項工作付託給心智之前，我們必須有一個清晰的觀念：我們所要做的究竟是什麼。為了讓身體再生，我們必須推定或假設這個想法是對的：創造生命與健康的力量就在我們自己身上；我們必須懂得：它產生於何處，是如何產生的。

只要我們能理解這一點，只要遮蔽我們的無知面紗能夠被掀起，並允許我們窺探知識的寶庫，像允許先知和預言家們所窺探的寶庫一樣，只要我們能夠攀上摩西所站立的地方，並放眼全景，只要我們能經歷保羅在說下面這句話時所做的事情：「我不知道我是在身體之內還是在身體之外」，我們就能夠理解他所說的話：「我們身上所顯露出來的光榮，眼睛未曾看見，耳朵未曾聽見，人心也未曾想到。」

ᘓ大腦就是這樣一種器官：我們憑藉它與身體的其他器官交流想法，並透過感官從外部接收印象。偉大的人之所以能發展出比一般人更為精密的大腦品質，就在於他們擁有不同於一般人的偉大思想。這使得人們認為，精密的大腦才能誕生偉大的心智，如果他們能把大腦當作容易腐爛的身體上其他器官一樣看待，他們就會知道：它只是賴以表達心智的器官，僅此而已。

ꙮ 當我們抱持一種信念，這種信念便進入並控制了我們的心智。一個在貧困中辛苦掙扎的人，只要增強他的信念，就一定能掙脫貧窮的鐐銬。

ꙮ 暗示的影響力在於它的控制性，必須是一種未受干擾的正面暗示；接受暗示的人必須將其看作生命中固有的，絕非能輕易改變或修正的。

ꙮ 還有一種應用暗示原則的方法，蒙大拿州漢密爾頓市的 J.R. 西沃德先生描述過這種方法。他說：

我是個三十六歲已有家室的男人，家人為我擺脫了菸草而感到高興。我嚼了（或者毋寧說是吃了）十五年的菸草。一開始我並非想要形成嚼菸草的習慣，而是認為它有助於我長大成人。在這個習慣不受阻撓地發展了幾年之後，我發現，自己被一隻行動遲緩卻不斷長大的章魚給牢牢抓住了，我身陷其中，不能自拔。

我在一家木器店裡做木工手藝，所有木工都知道，木材中有某種東西讓人想嚼菸草。當我染上這一惡習的時候，我一天到晚都在嚼菸草，起初能得到強烈的滿足，後來就不滿足了，我開始很想知道自己會走向何方。慢慢地，我意識到自己已經成了菸草的奴隸，我開始考慮減少菸量，或者徹底戒除。

我馬上就要向你解釋我妻子幫我戒除惡習的方式，並讓我們確信：如果應用恰當的話，暗示所具有的神奇力量。

大約在我最消沉的時候，某部著作引起了我的注意，這部書講到了受控制的思想所具有的力量，我開始對研究這個很感興趣，但當我閱讀、思考，並開始在我們的日常生活和環境中尋找證據的時候，我逐漸瞭解了真相。我開始懂得，生命現象是被內心所養育、從內心中生長出來的，如果內心處在腐朽的狀態，它總是會在外部顯示出來。

事實上，如今我懂得了耶穌基督的話「他心如何思量，他為人就如何」

是什麼意思。如果你認為自己是菸草或其他不良習慣的奴隸，你就會是奴隸。你必須認為自己一直是自由的。

但是，要讓一個人想像自己遠離一種像思想本身一樣緊緊纏住他的習慣，是一件很難的事，別人幫不上忙。在我們為了戒除我的嚼菸習慣而試著暗示的時候，我和一個孩子睡在一間臥室裡，而我妻子則和我們當時最小的只有八個月大的孩子睡在另一間臥室裡。像往常一樣，她在夜裡不得不經常起來照看孩子，正是在這個時候，她趁我睡著時為我做精神治療。

不必在同一個房間裡，儘管那樣也很好。在我熟睡的時候，她會設想自己彷彿就站在或跪在我的床邊並對我說話。她的暗示是建設性的、正面的，而不是負面的。就像這樣：

「如今你渴望擺脫嚼菸草的習慣；你是自由的，渴望並享受控制，而不是沉湎；明天你會只想要僥嚼平常一半的菸量，而且每天都會減少，直到你在一個禮拜內徹底擺脫它，再也不想菸草了。你是主人，你是自由的。」

每當她在夜裡醒來的時候，都對我做上述暗示，而我則發誓在她開始治療之後的六天之內徹底放棄對菸草的渴望，徹底戒除嚼菸草。

那是幾個月前的事了，今天，在生活中我已經比從前更能控制思考和言行的習慣。我已經從一個瘦弱不堪、神經崩潰的人，變成了一個體格健壯、精力充沛和思維清晰的人，每一個認識我的人，都注意到了我的外貌和舉止發生了多麼大的變化。從那以後，我就開始從事建設性的定向思維的研究和實踐。

ᘓ眾所皆知，人們在無線電報或電話中使用了一種被稱作「調諧線圈」的裝置，能產生與一定波長的電波相和諧的振動。它跟波的特殊音調合拍，因此是和諧的，能夠使振動暢通無阻地走向接收裝置。與此同時，還有其他「音調」更高或更低的其他無線電波振動經過，只有那些和諧的振動才會被接收器所記錄。

ᘓ幾乎同樣是以這樣的方式，我們的心智透過意志力來控制我們的「調諧線圈」。為了達到和諧，我們可以根據低頻振動的思想（比如動物的自然刺激）調整我們的心智，也能依據教育性的或精神性的思想加以調整，又或者，在滿足某些條件後，索性讓自己成為純粹的接收裝置，單一接收精神性的思想振動。人就是擁有這樣的「神力」。顯然，一旦這一建設性的定向思維得不到應用與視覺化，不要說金碧輝煌的大廈，哪怕僅僅是一幢粗糙簡陋的茅屋，也絕不可能存在於我們的視線之中。

所謂推銷術，其實就是對暗示的理解和巧用。用得巧妙，往往能鬆懈對方的顯意識注意力，啟動並加速他的欲望，直到他做出贊同的回應。正是因為正視到了這種把暗示推入欲望中心的力量，才誕生了櫥窗展示、櫃檯展示以及圖畫廣告等花樣翻新的推銷方式，透過這些方式，暗示變得愈加強烈，一旦跟欲望的思想振動相和諧，就會強力促使行動的付諸實施。一旦暗示並未得到認可，或者跟欲望表現出不和諧，那麼，它就像是「一顆落在石頭地裡的種子」，不會產生任何果實。

所以說，想法加行動能直接導致結果，這樣的關係無疑展現在建築師和他的設計圖中、裁縫和他的圖樣中，以及學校和它的產品中，產生的結果全都與主要的建設性思想相和諧。生活成功的程度，思想的品質是決定因素。

因為生命在於今日 生命中真正的生命。
在今日短暫的歷程中，
埋藏著生命全部的真理和現實。
今日是成長的祝福，今日是生動的頌歌，
今日是美麗的榮光，因為昨日不過是夢境，
而明日僅僅是幻景；
但是對於美好今日的把握，
將使每一個昨日成為幸福的夢境，
使每一個明日成為希望的幻景。
所以，好好關注今日吧！

——梵文經書

第十二部　人人都是自己的心理醫生

ꝏ馬克白問醫生：「你難道不能診治那種病態的心理嗎？」──但這一段用來解釋心理分析實在是再合適不過了，以至於我不得不把它完整地抄寫在這裡：

馬克白：你難道不能診治那種病態的心理，從記憶中拔去一樁根深蒂固的憂鬱，拭掉那寫在腦筋上的煩惱，用一種使人忘卻一切的甘美的藥劑，把那堆滿在胸間、重壓在心頭的積毒掃除乾淨嗎？

醫生：那還是要靠病人自己設法的。

ꝏ我們常常患上某種形式的恐懼症，其起因可以一直向前追溯到孩提時代；很少有人能免於某種形式的厭惡感，或「病態心理」，不管受害者願意與否，這種影響每天都在發生。在某種意義上，潛意識不曾停歇，收藏著哪怕是點滴不愉快的記憶；與此同時呢，顯意識在努力保護我們的尊嚴（也可以稱作虛榮，隨你怎麼稱呼）的時候，發展出的原因比最初的看上去更好。

❧由此形成了病態心理。有位患者由於在孩提時候聽到過大炮在離她很近的地方轟鳴，於是患上了「恐雷症」。這件事她已經「忘卻」了許多年，要承認這樣一種恐懼，即使是只對自己承認，都顯得有些孩子氣。無疑正是這種偽裝，使得心理分析師很難將這種根深蒂固的悲傷從患者的記憶中連根拔起，抹去那由來已久的煩惱，這些才是它的「創傷」，或最初的打擊。希臘語單詞Psyche的意思不僅是「頭腦」而且還是「靈魂」，如果我們還記得，將便於我們更進一步地理解莎士比亞對心理學的透悟，因為他不僅說出了「病態的心理」，而且還淋漓盡致地道出了「重壓在心頭的積毒」。

❧諸如此類的病態心理，其實我們每一個人都會有，都曾有，只是形式有所差別：或溫和，或劇烈。因為厭惡某些食物，所以患上厭食症；因為害怕鎖上的門，所以患上幽閉恐懼症，與此相對的，還有人害怕開闊的空間，會怯場，害怕觸碰木頭及其他迷信。這些五花八門的病態心理一時很難一一列舉完整。

ஐ對於絕大多數病態心理，患者必須進行自我治療。當然，這種治療需要在有經驗的心理分析師的幫助下進行。某些病例還需要精心設計治療步驟，利用心理測試儀及其他精密的記錄裝置，但過程往往並不複雜。首先讓患者徹底放鬆身體，安撫心靈；然後告訴他，把他頭腦中浮現出來的、跟其病態心理有關的東西全部說出來——其間，心理分析師會給予適當提示和詢問。那些已經根深蒂固的最初的原因或經歷，在聯想的召喚下會慢慢浮出水面；很多時候，僅僅是解釋就足以根除那深深的困擾。

ஐ還有一組既是心理也是身體（或者二者可以互相引發）的紊亂——歇斯底里。理查．英格勒斯在《心智的歷史與力量》（The History and Power of Mind）一書中將這一問題總結得非常清楚：「疾病可以分為假想的病和真正的病。假想的病其實僅僅是一幅精神圖景，卻牢牢佔據著患者的頭腦，導致身體上的相應變化；產生這種疾病的原因，通常在於完全忽視解剖學或生理學的規律，難以治癒，因為這幅圖景在擁有者心智中的地位難以撼動，因此，要進行治療，必須首先徹底修正他的思維方式。一位聲稱自己有腎病的患者，探測到疼痛、生病的器官卻在腰部幾英寸之下，這樣的情況其實並不少見。脾臟常常被猜想在身體的右側，幻想中的腫瘤出現又消失。但是，一旦抱持這些精神圖景的時間太長，就會創造出母體組織或漩渦，那些起初純粹是假想的因素，最終會導致實際的疾病。」

ஐ大量的疾病追根究柢都是由於抑制常規欲望、或者是由以往個人生活中的失調而引起的。心理分析一般都立足於這個假設。在類似病例中，疾病的根源往往隱藏得很深，甚至隱藏了許多年，必須徹底探查。

ஐ心理分析採取的手段，可以是透過夢境，或者是對夢境的解釋，抑或透過詢問患者過去的經歷，以此來探查這樣的難點。一名訓練有素的分析師，首先要得到患者的信任，產生友好的親近感，能讓患者袒露自己，哪怕是最隱蔽的經歷。

ஐ患者一旦記起了某段特殊經歷，作為心理分析師，就要趁機鼓勵他詳細談論經歷過程，讓它從潛意識中逐漸浮現出來。然後，分析師要讓患者清楚地看到導致他的疾病的根本原因所在，同時讓他知道：只要徹底消除病因，傷害就會立即結束。

ஐ這就好比肉體中的外來物質。一個可怕的腫塊，發炎、疼痛、讓人苦不堪言；

外科醫生切除了腫塊，剩下的就是等待時間的癒合了。心理的規律亦然。潛意識中如果真的存在什麼異常活動，或者某些痛處正在發生潰爛，年復一年，只要運用精神分析給它定位、消除精神癥結，並展示給患者看，精神疏導便大功告成。

🙞休．派翠克醫生是西北大學醫學院神經與精神疾病臨床學的教授，他提到的幾個病例十分有趣：

恐懼的因素，在很多官能神經性紊亂的病例中，影響力不可忽視。但在許多病例中，儘管病情同樣重，這一因素卻不是那麼明顯。後者當中有多個種類，可以分成許多組。一組患者從體形上看都很有膽量。幾年前，有人跟我提到一個人，他在拳擊場上大名鼎鼎，可以說是無所畏懼，是一個特別不愛操心的人，誇張一點，甚至可以說是無憂無慮。他就患有一些頗為令人困惑的神經症狀，尤其是失眠症，缺乏興趣，喜怒無常。透過細心的分析很快發現：某些微不足道的症狀（起因於奢侈的生活和家庭摩擦）使他形成這樣的意識：自己正陷入精神錯亂。這種恐懼佔據了他的靈魂，無法擺脫，讓他無心做任何事。然而，患者本身絲毫沒有意識到他的煩惱其實就是一種病，當然他的醫生也忽視了。

正因為如此，他們根本無法從身體上治好這種病，不得不進行精神上的分析，從潛意識中找出恐懼的原因，並將它徹底暴露在患者面前。當患者得知病因時，其效果無異於從我們紅腫的眼睛上拔下一根睫毛讓你看。煩惱就此消失，因為你確信：病因已經被消除，你當時就將它忘記了。

在懷俄明州有一位綿羊牧場主，他說自己患上了失眠症、厭食症、肚子疼和經常神經過敏，根本無力照料牧場。他的問題，其實是恐懼胃癌。這種恐懼使他勇氣喪失，導致他對自己身體感覺的極度誇張。

這位牧場主原本就不是一個懦弱的人啊！我曾經在一次關於他的買賣的交談中聽說過一件事：有一段時期，綿羊養殖被西部的牛仔們弄成了一項危險職業。在那些年頭裡，儘管他睡覺時一直隨身攜帶一支來福槍，但他依然生活得很平靜。一次，他得到通報，說有三位牛仔已經動身前來「逮他」，消息確鑿。於是他武裝完畢，飛身上馬前去會見。用他自己的話說，他成功「說服他們離開此地」，三個未遂的刺客打馬轉身，疾馳而去。他在這次遭遇中沒有一點兒的憂慮或者是不安。

站在身體的角度上說，他很有膽量，然而一旦內部機體似乎出了點什麼毛病時，他就束手無策了。醫生一確定他害怕的根源，馬上向他表明（大概借用了X光片或者諸如此類的媒介）：其實他什麼病也沒有。接著把患者的注意力轉移到那個其實根本就不存在的恐懼上，醫生讓患者確信：他的恐懼沒有任何根據。

☙還有一個病歷：

一位四十九歲的員警不幸患上了失眠症、頭痛和神經過敏，體重直線下降，一時難以治癒。他不是一個疑神疑鬼、容易恐懼的人。他多年來執勤的地方一直都是芝加哥市治安最壞的地區之一，由於對罪犯熟悉，他總是被派去搜捕最惡劣的罪犯。他參加過的「槍」戰不計其數。一次，一位惡名昭彰的「槍手」近在咫尺，對著他的腦袋開火。所有這些，他都鎮定自若，不曾畏懼。可是一遇到他的病，他卻不折不扣地屈服了。恐懼由此而來：一個居心叵測的惡人控告他處置失當，他為此遭到了審判委員會的傳訊。

這讓他陷入了極度的煩惱之中。深感無辜，覺得恥辱，害怕自己因傳訊而被迫停職，甚至被解職。他徹夜難眠：擔心失去自己原本應得的好名聲，擔心危及自己的家庭，更何況家裡的房子有一筆抵押貸款。漸漸地，他的頭部開始產生不適感，接著他覺得自己很不穩定。就在這個關鍵時刻，他的朋友同情地告知：一個人的煩惱會導致精神病。這中間有幾個步驟：擔心丟臉，擔心破產，擔心發瘋。但患者自己能確切明白所有這一切嗎？不會。他沉溺在自己的焦慮緊張中，他一味地忍受痛苦，喪失了信心，迷失了方向。

當醫生向他展示從他的潛意識中挖出的病根時，目的就是要讓他清楚地明白：所有的恐懼都源於他的內心。於是，他下定決心要將這些恐懼連根拔起，自然而然的，他的病痊癒了。

☙潛意識心理生病的方式是慢性的，它發病通常是因為某種通常持續了許多年的精神經歷，他一再地深埋這段經歷，才最終導致了這種疾病。這構成了潛意識中的——是精神上而非身體上的——專業術語被稱作「膿腫」的東西。有一個案例是這樣的：

一個女人多年來全身虛弱，病症一直沒有任何好轉的傾向。心理分析師開始詢查病因。他開始念一些單詞，向她的心裡灌輸一系列的概念：「桌子，書，地毯，華人。」

當他念到「華人」這個詞時，患者的表情突然顯得有些吃驚，分析師問：這個詞勾起了她怎樣的回憶，為什麼會覺得吃驚呢？

女人回答：在她童年時，她總是和一位要好的玩伴在一家中國人的洗衣店附近玩耍，當那個中國人走過大門時，她們打鬧著向他扔石子，算是一種騷擾吧！一天，那名中國人突然手持一把大餐刀追趕她們，嚇得她們魂飛魄散。

心理分析師確定他找到了病症所在。事不宜遲，他開始對著她念更多的詞，當念到了「水」這個詞時，女人再次呈現出驚恐的表情，講起了她的童年時代，一天，她跟弟弟一起在碼頭上玩耍，無意中把弟弟推下了水，弟弟被淹死了。那是許多年前的事，當時她還很年幼。醫生問她直到今天是不是還無法忘懷這些事？她回答：「不，我很多年前想起過這些，可能是十五年前，也可能是二十年前。」

聽到這樣的答案，醫生似乎找到了治療她的方法。當時她住在一家療養院，由一位護士照料。醫生對她說：「我要你每天都跟護士講述關於中國人、還有你弟弟的經歷，不停歇地一直講，直到你講得再也沒有任何感覺，也不會因此而發生任何的情緒波動。之後，在兩三週之內再來找我。」

她遵從醫生的吩咐去做了，就在第六天的時候，她痊癒了。反覆講述這些經歷的效果使得它對顯意識心理來說不再具備絲毫的影響力，當然也無法激發任何的感情。暗示就這樣一點點進入潛意識，直到對這些事情的感懷不再，才最終打破了這持續了二十多年的恐懼，潛意識中的病態心理也因此而消失。

꩜完整的記憶一直存在於潛意識心智中，剛出生時就已經裝配完備。每個新生的嬰兒都從祖先那裡順理成章地繼承到了某些特質。這些特質被帶入潛意識中，當個體的生命或健康需要它們時，它們就挺身而出，發揮作用。

꩜人的出生、成長、生活和死亡，這一切的一切都是那麼順其自然，就如同樹會開花、結果，然後瓜熟蒂落一樣。當我們遇到某種狀況，潛意識都會處理，即使受到干擾，它也能做出補救。有些事情即使你自己已經忘掉了，但潛意識心智仍然會幫你全部保留；當顯意識心智不考慮問題的時候，潛意識心智就會在第一時間甦醒過來。

ꕥ忽視一個問題是怎麼回事，這個不難知道。當我們熟睡時，潛意識卻不停止工作，正在解決它；又或者，當我們不小心丟了東西，著急上火，卻怎麼也找不到，一旦顯意識感到絕望並放棄尋找，我們遺失東西的地方就會輕而易舉地從潛意識中立刻浮現出來。

ꕥ還有，如果你遇到了什麼困難，只要你能說服你的顯意識心智放棄此事，不再為它焦慮，不再擔心，停止緊張和掙扎，你就會在潛意識的帶領下擺脫困境。潛意識總是傾向於健康與和諧的境遇。比如說，不會游泳的你淹沒在水裡，只會下沉。當救生員靠近來拯救你的那一瞬間，如果你緊緊摟住他的脖子，就會妨礙他的手腳活動，會給拯救行動增加難度，甚至還會導致失敗。然而，只要你放心地把自己完全託付給他的雙手，他就會把你帶出水面。值得肯定的是，每一次困境中都會有潛意識的存在，它扮演的正是這個救生員的角色，能給你幫助，只要你能說服你的顯意識停止緊張焦慮，消除擔心，放棄掙扎，你就會在潛意識的指引下走出困境。

ꕥ設想一下，如果顯意識心智任由自己對每一件雞毛蒜皮的小事都很生氣，每次它發怒，刺激就會轉向潛意識。一次一次的刺激，讓潛意識每一次都被攪動。憤怒不斷疊加，很快，潛意識便養成了習慣，阻止的力量就越來越弱了。當這種情況持續下去，顯意識心智就很容易受到來自外界的刺激所影響以及來自內部的習慣刺激，作用與反作用的結果，讓憤怒變得更輕易，而防止憤怒卻變得更困難。顯意識心智的每一次生氣，都會給潛意識帶來額外的刺激，而這一刺激會激勵再次生氣，從此進入一個惡性循環。

ꕥ憤怒屬於一種異常狀態，而任何異常狀態其本身就包含了懲罰，在身體中某個抵抗力最小的地方，這種懲罰會迅速反應。比如說，如果你的胃不好，就會患上急性消化不良，並且最終變成慢性的。有些人會患上布萊特氏病，還有人會患上風濕病，諸如此類。

ꕥ很明顯，這些狀況都是結果，一旦原因被消除了，結果緊跟著也就會消失。如果你知道想法是原因、狀況是結果的話，你就會立即決定要控制自己的想法，消除憤怒及其他不良的心理習慣；當真理之光逐漸變得清晰而完美時，習慣以及與之相關的每一件事情都會被抹去，宿疾就會在無聲中被摧毀。

✍不僅僅憤怒是如此，恐懼、嫉妒、欺騙、肉欲和貪婪，無一例外，都會變成潛意識的，最終導致身體的某種病態。有經驗的心理分析師，會根據疾病的特徵找到病因所在。

✍在《我們的潛意識心智》（Our Unconscious Mind）一書中，弗雷德里克・皮爾斯這樣告訴我們：

眾所皆知，一切事物或多或少都是容易受暗示影響的。對暗示的反應，既可以是正面的，也可以是負面的，既可以是接受，也可以是抵抗。在這裡我們不難看到一種屬於潛意識的抑制力。對於犯罪者來說，某類犯罪的流行就顯示了對暗示的模仿反應，報紙上的詳細報導，還有來自四面八方的關於暴力的大量討論，無疑都是灌輸這種暗示。

於是，強烈的原始衝動被喚醒，衝破最初的潛意識抑制力（這種抑制力在有犯罪傾向的人身上表現得比一般人更弱），停留在潛意識中，不斷膨脹，最終變得非常強大，強大到足以戰勝對懲罰的恐懼，從而完全控制人的行為，導致犯罪。而一般人，因為擁有更強大的潛意識抑制力，即使遭遇同樣的暗示，也會做出消極的反應，以憤怒及希望懲罰犯罪的形式，將那些被喚醒的原始衝動的能量完全釋放，最終當然也就根本不會走到犯罪這一步。針對這種情況，我們會發現一個很有意思的現象：人們常常會要求以比犯罪本身更強烈的原始暴力對犯罪進行懲罰。這種現象在心理分析師看來，其實是一種個體用來增強其潛意識抑制力的方法。

「事情本無好與壞，全在自己怎麼想。」

——民間俗諺

第十三部　設想美好的精神圖景

ฆ幾乎所有的大學在多年以前就開設了心理學課程，對心理學的研究也顯得日益重要。心理學的內容包括對個人意識的觀察與分析、認知與分類，但這種個人的或顯意識的自我意識心智，卻涵蓋不了心智的全部內容。

ฆ透過對初生嬰兒的研究，科學家們驚奇地發現，在嬰兒身體的內部，持續地進行著高度複雜、井然有序的活動。但是就嬰兒本身來說，嬰兒的顯意識心智並不足以認知這些活動，不能引發或維持這些活動，也不懂得設計這些活動。然而，所有這些活動都表現出了智慧，非常複雜、高度而有序的智慧。在大多數情況下，嬰兒的周圍沒有誰略微懂得在肉體生命的這一高度複雜的過程中到底在發生什麼。

ฆ透過仔細研究人體中正在發生的心臟的跳動、食物的消化、消化腺的分泌和排泄等所有複雜的過程，科學家得出了這樣的結論：人的體內存在一種具有高度智慧的心智，命令控制著這一切，就像一股無形的力量，這種在數百萬組成身體的細胞中發揮作用的力量正是心智。更確切地說，它是潛意識的，因為它是在我們所謂的「意識」的表面之下發揮潛移默化的作用。

❧為了便於研究實驗，科學家將潛意識心智分成兩個層面。第一種層面上的潛意識跟每個個人相聯繫，在某種意義上它可以被視為人的潛意識；但在更深的層面上，它又併入了所謂的「普遍潛意識」，或者說併入了「宇宙意識」。

為了闡述這個問題可以舉一個具體的例子：你不妨想想密西根湖面上那些高出波谷層面的波浪，它們代表了許許多多個體潛意識；然後，你再想想與其他水面處於同一水平的一小塊水體，但在某種程度上卻跟著波浪一起流動。表面上看與其他水體並沒有任何不同，但其底部又併入了其下最深的層面的不流動的大水體，很難把它們明確區分開來。那麼，湖中這三個層面的水可以用來說明你的個體意識（或自我意識）、個體潛意識和普遍潛意識（或宇宙意識）。好了，現在我們知道，從宇宙意識中湧現出了個體潛意識，而從個體潛意識中湧現出的是個體意識。

❧每個人在天真的孩提時代，他所有的行為幾乎都是由潛意識控制的，但隨著年齡的增加和心智的發育，顯意識開始嶄露頭角，人們在不知不覺中變得有意識了，但依然只在某種程度上意識到了顯意識規則的存在，這些規則表現為正義、真率、誠實、純潔、自由和仁愛等等，他開始把自己跟這些東西聯繫起來，越來越受它們的控制，顯意識逐步取代潛意識佔領主導地位。

沒有人刻意地努力成長，也沒有人能準確注意到生長的細節，因為生長的過程是一個潛意識過程，我們並沒有有意識地執行生命的過程，所有複雜的自然過程——心臟的跳動、食物的消化、腺的分泌——都需要高度發達的心理和智慧。個人的意識或心智沒有能力處理這些錯綜複雜的難題，因此，它們是由「普遍適應的理念」控制的，這種普遍適應的理念，在個體的身上，我們稱之為潛意識。心智是一種精神活動，而心智是創造性的，因此潛意識心智不僅控制著所有的生命功能和生長過程，而且也是記憶和習慣的棲息地。

「普遍適應的理念」有時候被稱作「超意識」，有時候被稱作「神的心智」。潛意識有時候被稱作主觀心智，而顯意識則被稱作客觀心智，但要記住，詞語只不過是攜帶思想的容器，而語言本身是沒有思想的。得意忘言，恰恰說明了這一點。

潛意識之所以被稱為「潛」意識是因為它的作用不是可見的，在這種精神作用持續不斷地發生的時候，我們通常完全沒有意識到。因為這個原因，它被稱為心智的潛意識部分，以區別於顯意識那一部分，這部分是透過我們能意識到的感知來發揮作用的，我們稱之為「自我意識」。顯意識存在於思考、認知、意願和選擇的力量。自我意識，就是知曉自己是一個思考、認知、意願和選擇的個體所具備的能力。大腦是顯意識心智的器官，腦脊髓神經系統是顯意識心智賴以跟身體的所有部分建立聯繫的神經系統。

兩個截然不同的神經系統——腦脊髓神經系統與交感神經系統在身體中存在，它們有各自的領地，並在自己的職權範圍內各司其職，它們共同為兩種心智部分做好充分的準備。

和人身體內其他執行不同職能的器官和系統一樣，這兩個神經系統的功能和活動都是不同的，腦脊髓神經系統是自我意識的專屬，而交感神經系統則被潛意識所使用。交感神經系統是潛意識用來跟感覺和情緒保持聯繫的工具，因此，潛意識對情緒而不是對理智作出反應，因為情緒比理智要強大得多。因此，個體意志所採取的行動，常常跟理智所發出的指令背道而馳。

🙞但是這兩個系統又不是截然分開，毫無關係的，相反的，二者之間非常緊密，存在著交互作用的交集。顯意識和潛意識只是與心智相關的兩個作用面。潛意識跟顯意識的關係，與風向標跟大氣的關係完全類似。大氣的微妙變化會在風向標的方向中顯現出來，同樣的，顯意識心智所抱持的最微不足道的想法，也會在顯意識心智中引起相應的變化，其變化與顯意識想法中感受的深度以及放縱這一想法的強度成正比。因此我們發現，在兩個心智部分的功能和活動都不相同的同時，它們之間又存在一條非常明確的活動路線，既相區別又有聯繫，符合對立統一規律。

🙞潛意識心智的主要任務，就是保護個體的生命和健康。因此它監管著所有的自動功能，比如血液循環、消化和所有自發的肌肉活動等等。它把食物轉換為建構身體的合適材料，以能量的形式回饋給有意識的人。有意識的人在智力勞動和體力勞動中利用這種能量，在這個過程中耗盡了他的潛意識智慧提供給他的東西。

🙞為了使讀者能夠更加透徹地瞭解潛意識的循序漸進的累積的作用，我們可以用下面的方式加以說明。設想一下，你端來一盆水，用一根小木棍沿著盆邊攪動盆裡的水。最初你只能在木棍周圍攪起波紋，但如果你一直持續這個動作，水就會逐漸把你施加在木棍上的力量一點點累積起來，不久你就會讓整盆水都旋轉起來。這時，如果你放開木棍，水就會攜帶著這個最初讓它運動起來的工具一起旋轉；如果你抓住木棍讓它立在水中，你就會真切地感受到水流的勢力，似乎想克服你所施的阻力，甚至有把木棍和你的手一起向前移動的趨勢。為了進一步測算水流的力量，把水攪動起來之後，你決定不想讓它旋轉，或者讓它向相反的方向旋轉，那麼你就用木棍向相反的方向攪動盆子裡的水吧！你會發現有很大的阻力，你會發現要想讓水停下來需要很長的時間，而要讓它朝相反的方向旋轉，則阻力更大，需要的時間更長。雖然開始時你是以極小的力來攪動盆裡的水，但是當水把你施加的力累積起來以後，就會變得非常強大。

ꕥ從上面的實驗我們很容易得出這樣的結論：無論顯意識心智做什麼，如果反反覆覆地做，潛意識都會把它累積起來，成為合力，就像盆裡的水一樣。潛意識所接收的任何經驗都會被攪動起來，如果你給它另一個同類經驗，它就會把它添加到前面的經驗上，就這樣一直無限期地累積它們，一點一點的積少成多，最後會出現令人吃驚的效果。任何層面的活動，只要進入人類顯意識的範圍之內，都是這樣。任何經驗，無論對我們有益還是有害，是善還是惡，也都符合這一規律。潛意識是一種精神活動，而精神是創造性的，因此潛意識創造了適合於顯意識心智所接納的習慣、狀況和環境，為顯意識發揮作用提供了基礎。

ഌ如果你想收穫蘋果，首先就要種下蘋果的種子。這個規律不分對象的高低貴賤，對誰都一視同仁。如果我們有意識地接納與藝術、音樂和審美領域相關聯的想法，如果我們有意識地接納與真、善、美相關聯的想法，那麼我們就會發現，這些想法在潛意識中紮下了根，我們的經驗和環境，就會成為顯意識心智所接納的想法的反映。然而，如果我們接納了仇恨、嫉妒、羨慕、偽善、疾病以及任何種類的匱乏或侷限的想法，我們將發現，我們的經驗與環境像投影機一樣在我們的思想中產生投影。我們可以隨心所欲地思考，但我們思考的結果受到一個永恆法則的控制。俗話說：「事情本無好與壞，全在自己怎麼想。」我們不可能種瓜得豆，只能種善因得善果，種惡因得惡果，這是永恆不變的自然法則。

ഌ人的思想系統就像是一個篩檢程式，任何試圖進入精神領域的想法，如果其本性是破壞性的，那麼它很快就會被有建設性傾向的想法所取代。因為兩件事情不可能同時發生於同一空間中。事情如此，思想亦如此。正如安德魯斯的斷言：「我完整、完美、強大、有力、熱愛、和諧而幸福。」或者庫爾醫生的斷言：「日復一日，在各方面，我正在越來越好。」

我們要把安德魯斯和庫爾醫生的話銘刻在腦海中，不斷重複，直到它們變成自動的或下意識的。身體狀況只是精神狀況的外在表現，很容易看出，透過有意識地在內心默念斷言中所表達的思想，在較短的時間裡，狀況和環境就開始變得與新的想法一致了。

運用同樣的原則，也可以反其道而行之，就會收到相反的效果。一些人實踐了這一理論，證明了這一論斷的科學性。由此可知，如果你否認令人不滿的境況，打消對不佳境遇的苦思冥想，就會逐步而穩妥地結束這些境況，你也就是在把你思想的創造性力量從這些境況中撤走，你是在連根砍斷它們，讓它們的活力枯竭，最終從你的視野裡消失。

有些行動的效果有滯後性，不會立竿見影地顯現出來。生長的規律，必然控制著客觀世界裡的所有事物，所以，否認令人不滿的境況，並不會立即帶來改觀。一株植物在根部被切斷之後，還會維持一段時間的青翠本色，但它會逐漸枯萎，最終凋零。這個過程，與我們自然而然地傾向於採取的方式完全相反。因此它會帶來完全相反的效果。大多數人都把自己的注意力集中在那些令人不滿的境況上，因此給這種境況帶來了旺盛生長所必需的能量和活力，激發人去努力改善不利於自己的環境。

「照你的信心，給你成全了。」
——《新約．馬太福音》第8章第13節）

第十四部　你所期望的，就是你將得到的

ᔓ創造已經成為我們這個時代的代名詞，是把互相之間有親和力的力量以合適的比例結合起來的藝術。例如，氧和氫若以合適的比例相結合就成了水。氧和氫都是看不見的氣體，但水卻是具體可見的。

ᔓ思想者提出的一個想法，遇上了對它有親和力的其他想法，這兩個想法就會結合起來，組成一個吸引其他類似想法的核心。這個核心發出的召喚形成了無形的能量，其中的所有想法和所有事物都緊密聯繫在一起，很快就會披上形態的外衣，這一形態與思考者賦予它的特徵一致，卻比初始的形態更有系統，更有說服力。

ᔓ戰場上，可能有一百萬在死亡和磨難中痛苦掙扎的人發出仇恨和悲痛的想法，而另外的一百萬人可能死於一種被稱作「流行感冒病菌」的侵害。只有經驗豐富的精神療法專家，才知道這種致命的病菌何時出現，在什麼條件下出現。然而，細菌

是有生命的，因此它們必定是某種擁有生命或智慧的東西的產物。精神只是宇宙中的創造法則，思想只是精神所擁有的活動。因此，細菌必定是精神過程的結果。

❧人類的思想不受時間和空間的限制，無比遼闊，想法是多種多樣的，因此相應的也有多種多樣的精神細菌，既有建設性的，也有破壞性的。但無論是建設性的細菌，還是破壞性的細菌，在它們和我們的思想結合之前，都不會生根發芽、旺盛生長，不會對我們產生作用。

❧每個人的思想都是一個開放的空間，個體可以敞開他的精神之門，從而可以接納各種各樣的想法。所有想法和所有事物都包含在「普遍適應的理念」中。如果你認為有術士、巫婆或神棍想要害你，你也就為這些想法的進入敞開了大門，你就可以說約伯那樣的話了：「我所害怕的事降臨到了我的身上。」相反的，如果認為有人想幫助你，你便為這樣的幫助敞開了大門，而你會發現：

「照你的信心，給你成全了。」（《新約．馬太福音》第8章第13節）

這句話，在今天像在兩千年前一樣靈驗。無論是建設性的想法還是破壞性的想法，都是得到你的許可後才對你的精神產生影響的。

ꕥ托爾斯泰說：

「理性的聲音越來越清晰，讓人可以聽見。從前，人們說：『別去想，而是要去相信。理性會欺騙你，只有信念才會讓你通往真正的幸福生活。』於是你試著去相信，但沒過多久，透過跟別人的交往你發現：每個人所相信的是完全不同的東西，因此你就不可避免地面臨著選擇：你必須決定在許多的信念中你到底要相信什麼，而唯有理性才能做出這樣的決定。」

ꕥ規律是自然的法則，宇宙是一個完整的體系，被各種各樣的規律所控制，所以，當我們看到有人透過心理方法或精神方法獲得了特殊結果的時候，理性就會告訴我們：我們全都可以做同樣的事，對於每一個不辭艱辛探尋事實的人來說，這一點是顯而易見的。所有表象，都受被我們視為普遍規律的法則的控制，在這些規律所彰顯的表象中，人們認識到了系統、秩序與和諧。因為規律對每個人都一視同仁，無論何時，無論何地，這樣的事情每天都在重複上演。

ஐ科學知識武裝了人類的頭腦，讓我們明白，所謂的物質，存在著等級的差別，從最粗糙的可視狀態，到最精微的，都跟精神有著密不可分的關係。因此我們看到，在心智的統治下，被抽象提煉的物質元素服從於它的控制。就其本身而言，物質並沒有意識或感覺，只是當它受到與支配其行為的規律一致的精神或心智的控制時，當精神、心智對它產生作用時，它才是能動的，才有了存在的意義。

ஐ正如普遍適應的理念統治並支配著宇宙一樣，對人來說它也註定要統治並支配由它所創造或發展出來的「生命宇宙」——所謂的「永生神的殿」（《新約．哥林多後書》第 6 章第16節），是無窮宇宙的一個縮略版或精華版。

ஐ和諧、幸福、安逸和健康，是人類不斷追求的終極目標，如何達到這個目標是一門「知識」，智慧就是對這一知識的恰當運用。無知就是掩蓋著真理之光的黑暗，只有當我們懂得了心智對物質的控制作用，才能推翻無知的黑暗統治，使真理之光重新照亮整個世界。

ꀀ精神療法醫生不會給患者任何他能看到的東西、他能聽到的東西、他能嘗到的東西、他能聞到的東西和他能觸摸到的東西。因此，對於執業者來說，無論以什麼方式觸及患者的客觀大腦都是絕對不可能的。只能給患者心理暗示，向他發送想法。

ꀀ客觀心智是我們用來進行推理、計劃、決定、表達意願和採取行動的心智。縱使在沒有物質媒介幫助的情況下觸及顯意識心智是可能的，顯意識心智也不會接收。若非透過感覺的媒介，我們不可能有意識地接收別人的想法。醫生總是暗示完美，這樣的想法馬上就會被客觀心智看作是違背理性，因此不能接受，所以也不會有任何結果。

ꀀ精神療法醫生所訴諸的是普遍適應的理念，而不是個體心智。精神療法醫生所利用的這種力量，是精神的，而非物質的；是主觀的，而非客觀的。因為這個原因，他所觸及的必須是潛意識心智，而不是顯意識心智。這一神經系統，控制著身體的所有生命過程——血液的循環、食物的消化、組織的構建、各種分泌物的製造與分配。事實上，交感神經系統延伸到身體的每一個部分。所有的生命過程都在不知不覺地進行的。它們似乎是被故意帶出顯意識的領域，被置於一種不受無常變化的影響的力量的控制之下。

ꕥ正如鳳梨，鳳梨指的是一種東西一樣，主觀心智、潛意識心智和神的心智，意思是一樣的，只不過說法不同。它們指的是這樣一種心智：我們在其中生存、活動、擁有我們的存在。我們透過意願或意圖跟這一心智相聯繫。心智是無所不在的，只要我們願意，隨時隨地都能跟它建立聯繫，而無需考慮時間和空間等外部條件的侷限。

ꕥ精神既存在於我們的頭腦中，也充滿了整個浩瀚的宇宙。因為精神是宇宙的創造原則，所以，人的精神性的主觀實現，以及由此帶來的完美，都是由神的意志來完成的，最終彰顯在個體的生命和經歷中，使個體的心智也日臻完美。

ꕥ另外一種觀點會反駁說，世界上根本不存在完美，這種完美的理想狀態是絕不可能實現的。誠然如此，但耶穌早就預見到了這種批評，他不是說過「在我父的家裡有許多住處」嗎？也就是說，有許多程度不同的完美。這一規律儘管毫釐不爽，但也不是總能取得預期的效果。因為還要取決於操作規律的人的素質和心智。這樣的能力，可不是一個剛剛開始認識其精神遺產的業餘愛好者所能勝任的。如果操作者是個不學無術、毫無經驗的人，隨隨便便地把想法拋出來，讓它繞過理性的論證，直接使其具體化為切實的形態，這樣出來的東西估計不會讓人喜歡。能勝任這項工作的人，要能對最細微的振動做出回應，能聽到「寂靜的聲音」，能分辨真實和幻象。知道在沙漠中跋涉時所看到的綠洲只不過是海市蜃樓，當他接近的時候，它會後退，而不會去盲目地追尋那並不存在的水源。真正的力量是非人的，它既可以造就「超獸」，也可以造就「超人」，造就什麼和怎麼造成，僅僅取決於操作者的主觀意識。

ꕤ出於天性，人類總是妖魔化自己不瞭解不清楚的東西。很多人並不懂得生命的基本原則以及應用這一原則的方法，因此也無法讓這一原則為自己造福。在這樣的情形下，他們只能指望依靠別人，當這種情況持續或頻繁發生的時候，顯意識中的精神因素往往會越來越弱，人的精神力量也變得越來越小，越來越被動。

ꕤ哲學家、宗教家和科學家們反覆地聲稱：不存在絕對的真理，換句話說，要讓一個人確信「真理」的創造性力量，唯一的方式就是透過實證，或者先假設真理是強有力的，然後在這個基礎上做出證明。

❧我們認識任何一個事物都是從表象開始的，我們能觀察到的也只有表象，深藏其中的本質要靠心智的分析。因此，對任何事物的特有表象的觀察，以及建立在這種觀察的基礎之上的推論，構成了這一事物的知識。如果你觀察並認識到了真理的某些特有表象，只能說你瞭解了真理的一個方面或一部分。如果你觀察並細心地注意到了真理的全部特有表象，然後又感知到了貫穿這些表象的一致性，並認識到了它們的特徵賴以為基礎的法則或體系，那麼，你對真理的認識就是完全的。此時你就可以宣稱，自己已經掌握了這條真理。真理是一個人所能擁有的唯一可能的知識，因為不建立在真理基礎之上的知識是假的知識，根本就不是什麼知識。

❧那麼，真理的特徵又是什麼呢？這是不容迴避，無可爭辯，不能有半點含糊的問題。大多數人的看法是：在哲學的意義上，真理是那種絕對的、不變的東西。真理必定是事實，那麼就出現了第二個問題，而事實又是什麼呢？一加一等於二，這就是一個事實，亙古不變，不容置疑。無論在美國、在中國和日本，它都是真理，在任何地方、任何時間，它都是正確的。一個存在於事物本性中的事實，沒有起點，沒有終點，不受任何限制，它控制我們的行動和我們的商業運作。那些違背真理的人最終將受到真理的嚴厲懲罰。然而，真理不具備具體的形象，是一個你看不到、聽不到、嘗不到、聞不到和摸不到的事實，對於任何身體感官來說，它都是不可感知的，但不能因此而否認真理。它沒有顏色、大小和形狀，不能因此而懷疑真理的正確性。真理不受時間的限制，也不能因此否認真理的絕對性和永恆性。

ᔓ東方的玄學家們向來明確闡述他們的觀點，從來不會提出令人在精神上產生混雜的知識。他們不會把它教給孩子或年輕人，除非明確地把他們置於直接的控制或直接的指導之下，就像西方的孩子在學校的智力生活中一樣。在印度，當一個年輕人開始被傳授精神上的東西的時候——規定在師傅門下受業七年，首先教給他的事情就是認清他要走的路線，他預先得到警告，要注意可能出現的危險，他的整個行程都會受到師傅的悉心守護，以防止他在早期階段跌倒。

ᔓ如果你正在文明的階梯上向上攀登，如果你進入了理解的學校，如果你看到了精神上的真理之光，你就應該比那些尚未達到這個程度的人知道更多，你所肩負的任務也越重。造詣越高，責任越大，你的神經系統會自動地在更高的層面上把自己組織起來，把你提升為指導其他還未達到這一高度的人群的領袖。

➻只有那些上升到了精神層面的人才會清楚地知道，有許多的習慣作法必須丟棄，而在這樣的理念下，通常，某些習慣可以輕而易舉地離開個人，它們甚至會自動消失。但是，當個人堅持在舊世界裡活動的時候，他通常會發現：

「一家自相分爭，就必敗落。」（《新約．路加福音》第11章第17節）

他總是在吃夠苦頭之後才懂得：違反精神的法則一定會受懲罰。

第十五部　心靈因思考而豐富

𝓈𝓇科學家們已經把人們生存的空間無限細化，在自然科學中把物質分解為分子，把分子分解為原子，把原子分解為能量，而弗萊明先生在皇家科學研究所發表的一篇演講中，繼續把這種能量分解為心智。他說：

「在其終極本質中，除非把能量理解為我們所謂的『心智』或『意志』的直接作用的表現形式，否則人們就不可能參透它的真諦，不可能透徹地理解它。」

𝓈𝓇因此，宗教不總是迷信蒙昧的代名詞，科學與宗教也不總是對立的、衝突的，在某種程度上是完全一致的。在一定範圍內它們是可以和平共處的。利蘭先生在《世界的創造》一文中十分清楚地論述了這一點。他說：

首先，存在這樣的智慧來設計並調整宇宙的各個部分以實現沒有摩擦的平衡。因為宇宙是處在無窮的時空中，因此設計宇宙的智慧也是處在無窮中。

其次，存在這樣的意志來固化和規定宇宙的活動和力量，並透過永恆不變的規律把它們聯結在一起。在所有地方，這種「全能意志」都建立起對能量和過程的限制與管理，把它們永恆的穩定性和一致性固定了下來。因為宇宙是無窮的，所以意志也是無窮的。

第三，存在運動的力量，一種永不疲倦的力量，一種控制一切力量的力量。而且，因為宇宙是無窮的，所以這種力量也是無窮的。

我們應該怎樣命名這個智慧、意志和力量的三位一體呢？我們實在找不出比「上帝」更簡單的名字。這個名字包羅萬象，無所不及。

普遍適應的理念作為一個龐大的思想體系，正以它獨特的魅力吸引越來越多的人注重它、研究它和倡導它。普遍適應的理念是支撐性的、賦予活力的和滲透所有的，一切規律、生命和力量，都必定涉及到它，處於它的包圍之內，無論在物質領域還是在精神領域，它都是適用的。你越深刻地理解這一理念，你就越會為它所折服。

每一個事物，無論是有生命的還是沒有生命的，都必須得到這種普遍適應的理念的支撐，我們發現，個體生命的差異主要在於他們彰顯這一智慧的程度的不同。正是更大的智慧把動物置於比植物更高的存在層面上，把人置於比動物更高的存在層面上。我們發現，個體控制行為方式並因此調整自己以適應外部環境的能力，再一次顯示了這種智慧。正是這種智慧，佔據了最偉大心智的中心地位，這種智慧與普遍適應的理念配合得天衣無縫，二者珠聯璧合，一起完善和優化著人類的精神世界。如果我們服從普遍適應的理念，普遍適應的理念也會不折不扣地服從我們。

在科技和資訊技術高速發展的今天，在風起雲湧、氣象萬千的當今世界，隨著經歷和知識的不斷增加，我們的智力運用，感知力的範圍，選擇的能力，意志的力量，所有的執行效力，以及所有的自我意識，都像雨後春筍般快速地增加。這意味著，自我意識作為一種精神活動在不斷增加、延展、生長、發展和擴大。所有物質的東西在使用中被消耗了就不復存在了，而精神上的使用和物質上的使用，其規律完全相反。我們在精神上所擁有的東西，用得越多，繁殖得越快。也就是說，用得越多，得到的越多。

生命是一個守法公民，它嚴格遵守著普遍能量的特質和法則，而普遍能量在生命中自發活動並獲得生長，在某種程度上它們通常是同時存在的，同樣的普遍能量伴隨著同樣的特質或法則，我們稱之為智慧。它超越了對其基本特性的全部理解，它是絕對的，只有一個最高法則。它的特殊定義，在任何時刻都受到生命現象中的特殊關係的支配，人只能依據它的相關物來思考，我們是在這個生命現象中思考這一法則的。因此，我們把它定義為普遍智慧、普遍物質，像生命、氣、心智、精神和能量諸如此類的東西一樣。與我們的生存和發展息息相關，為人類的進化和社會的進步做出了巨大的貢獻。

心智的原始狀態最早呈現在最低級的生命形態中，在原生質或細胞中曾經留下了心智的痕跡。原生質或細胞，雖然只是一個簡單的細胞或者極低級的生命形式，但是它卻能夠透過已經存在的心智感知它的環境，發起活動，選擇它的食物。所有這些都是心智的明證。當生物體逐步發展並變得越來越複雜的時候，細胞開始專門化，它們各司其職，忙碌地工作，雖然多數情況下只是重複一個單調的動作，但它們已經顯示出高超智慧的潛質。原生質或細胞之間不僅有分工，也有合作，透過聯合，它們的心智力量不斷增強，自身不斷地向高級進化、發展。

೫起初，生命的各項功能以及各種行為都是顯意識思考的結果，隨著時間的推移和自身的發展，習慣性的行為則變成了自動的或潛意識的，為的是讓自我意識能夠專注於其他事情。顯意識與潛意識相互作用，相互促進，使二者都有了進一步的發展和完善。

೫因此很容易看出，生命存在的重要基礎就是心智或精神。物質本身也許會湮滅、轉變，但作為精神，卻隨著歷史而延續、流傳，永不磨滅。正像聖保羅所說：

「所見的是暫時的，所不見的是永遠的。」

ꪎ因此，就人而言，天生的職責就是致力於精神的發展。這一點是至關重要的，也是人存在的意義之所在。善用，卻不會損耗；常用，卻不斷增多。這裡面隱含著精神最偉大的奧妙，需要人類積極地去學習和探索。

第十六部　以祈禱培養希望

ஐ自人類直立行走以來，從條件反射到簡單的思想，再到今天龐大系統的思想道德體系，思想對人類的進步產生不可估量的作用。對歷史的形成，理想和動機比事件更有影響力。無論是國家的命運還是個人的命運，都取決於思想和意識形態。對生命的持久關注，人們的所思所想比同時代的任何騷動和劇變都更有意義。

ஐ工程師在打算設計跨越江河峽谷的大橋時，在嘗試把大橋在形態上具體化之前，總是先在大腦中想像出整個建築，這種形象化就是精神圖景，它預先決定了最終在客觀世界中成形的建築之特徵。

ஐ當建築師計畫修建一幢奇妙的新建築的時候，他總是在自己的工作室裡苦思冥想，調動自己的想像力來構思它新奇的外形，同時包含額外的舒適或效用，結果通常不會讓人失望。

ℌ化學家設法尋求實驗室中的安靜，然後變得易於接納某些想法，而世界最終將因為某種新的舒適或奢侈品而從這些想法中受益。

ℌ金融家退避到他的辦公室或會計室，把精力集中在某個組織問題或金融問題上，不久，全世界都聽說了再一次產業合作，需要數百萬額外的資本。

ℌ想像、形象化和全神貫注，都是精神技能，都是創造性的，因為精神就是一種創造性的宇宙法則，發現了思想的創造力祕密的人，也就發現了時代的祕密。用科學術語來陳述，這一規律就是：思想會跟它的作用對象相關聯，但不幸的是，絕大多數人聽任他們的思考停留於匱乏、侷限、貧困以及其他種種形式的破壞性想法上。因為這一規律對誰都一視同仁，所以他們的所思所想就具體化在他們的環境中。

ℌ對千瘡百孔的破衣服進行縫補，任憑技藝多麼精湛的能工巧匠，也無法縫補出一件像樣的衣服來，而所耗費的時間、精力和物資，卻比做一件衣服還多得多。現代令人不滿的狀況，是根深蒂固的破壞性疾病的症狀。以立法和壓制的方法對這些症狀醫治，是治標不治本，雖然可以緩解症狀，但不能從根本上治癒疾病，它會表現為其他更糟糕的症狀。要想根除頑疾，就要找到疾病的根源。要改變目前的狀況，就要將建設性的措施用於我們文明的基礎——人類的思想。

ꕥ思考是一種精神活動，由個體對普遍適應的理念的反作用所組成。思考是精神所擁有的唯一活動。精神是創造性的，因此思考是一個創造過程。但是，因為我們絕大部分思考過程都是主觀的，而非客觀的，所以我們大部分創造性工作都是在主觀上進行的。但因為這項工作是精神性的工作，所以它依然是真實的。

ꕥ就像人在沙灘走會留下腳印一樣，那些曾經在我們的顯意識中出現過的每一事物，最終都在我們的潛意識中留下了痕跡，並成為一種範例。人們利用自己的創造能力對這種範例加以改選，並將其應用到我們的生活和環境中，使其成為為我們服務的工具。

ꕥ但是，正因為思考是一個創造過程，而我們大多數人都是在創造破壞性的條件，我們思考死而不是生，我們思考匱乏而不是富足，我們思考疾病而不是健康，我們思考衝突而不是和諧，所以，我們的經歷以及我們所愛的人的經歷，最後都反映出我們習慣性地抱有的心態，如果我們知道我們是否能為我們所愛的人祈禱，我們也就能透過抱持有關於他們的破壞性想法從而損害他們。我們是自由的道德媒介，可以自由地選擇我們的所思所想，但我們思考的結果卻受到永恆法則的控制。

✿樂觀主義是一盞驅逐黑暗的明燈，有樂觀主義的光明普照的地方，恐懼、憤怒、懷疑、自私和貪婪都會消失得無影無蹤。我們預見到，對於這一讓人變得自由的真理，人們的認識正越來越普遍。一個覺醒的時代，其特有的標誌之一，就是在懷疑和動盪中閃耀光亮的樂觀主義。在這個新的時代裡，一個明顯的趨勢是：對於啟蒙之光，人們有越來越普遍的覺醒。

✿祈禱是人類內心一種美好願望的表達，更是對於未來的一種憧憬和規劃。祈禱的價值，取決於精神活動的規律。為了獲得世界上關於祈禱價值的最好的闡釋，「沃克信託基金會」懸賞一百美元徵集關於「祈禱」的最佳論文。要求論述「祈禱的意義、事實和力量，它在生活的日常事務中，在疾病的康復中，在悲痛不幸和國家危難的時期，以及在跟國家理想和世界進步的關係中的地位和形態，祈禱對個體、國家的作用和價值」。

✿由於祈禱的價值這一命題的豐富性和涉及範圍的廣泛性，該活動得到了熱烈的響應。共收到論文一千六百六十七篇，來自世界各地，使用十九種不同的語言寫成，大大超出了活動發起人的預期。一百美元的獎金被馬里蘭州巴爾的摩市的撒母耳·麥康伯牧師獲得。一部關於這些論文的比較研究由紐約的麥克米倫公司出版。

❦沃克信託基金會的大衛·拉塞爾在談到他對此次活動的感想和印象時說：「對幾乎所有的投稿人來說，祈禱都是某種真實的事情，有著不可估量的價值，但很不幸，很少有資料能給出讓規律得以運轉的具體方法。」拉塞爾本人同意，對祈禱的回應，必定是自然規律在發揮作用，他說：「我們都知道，合理地運用自然規律，人的聰明才智就必須能夠理解它的條件，並能夠引導或控制它的次序。我們不會懷疑，對於大到足以包孕精神的智慧來說，將會揭示出精神規律的領域。」

❦從本質上看，祈禱是屬於思想與精神範疇的。祈禱是以懇求的形式表現出來的想法，而斷言是對真理的陳述，它得到了信仰的增強，祈禱和斷言並不是創造性思想的唯一表現形式。而信仰則是另一種強有力的思想形式，它變得不可征服，因為「信是所望之事的實底，是未見之事的確據」。這一實質就是精神實質，其本身包含了創造者和被創造者。

❦如果我們祈禱得到某物或祈禱做到某事，只要合適的條件得到滿足，它就一定會得到回應。每一個思考者都必須承認，對祈禱的回應，提供了無所不能的普遍智慧的證據，在所有事物、所有人的身上，這種普遍智慧都是迫在眉梢的。這是確定無疑的，否則宇宙就是混亂無序的，而不是有序的整體。因此，對祈禱的回應受規律的支配，這一規律是明確的、精確的和科學的，就像控制地心引力和電流的規律一樣。

ꕥ幾個世紀之前，有人認為，我們必須在《聖經》與伽利略之間做出選擇。一百年前，有人認為，我們必須在《聖經》與達爾文之間做出選擇。但是，正如倫敦聖保羅大教堂的 W.R. 英格主教所言：「每個受過教育的人都知道，生物進化的主要事實已經牢固地確立了，它們完全不同於古代希伯來人從巴比倫人那裡借用過來的傳說。我們大可不必拒絕接受現代研究的確鑿結果……就越不願意把我們的信仰作為賭注地押在迷信上面。」

ꕥ永遠存在的智慧或心智必定是一切形態的創造者，是一切能量的管理者，是一切智慧的泉源。

ꕥ如果我們不知道思想是創造性的，我們就有可能抱持衝突、匱乏和疾病的想法，它們最終會導致這些想法所孕育的狀況，但透過對規律的理解，就能夠把這個過程顛倒過來，從而導致不同的結果。

人類置身其中的宇宙不是雜亂無章的，而是被一些規律所控制著的，因果規律便是其中一條重要的規律。有果必有因，在同樣的條件下，同樣的因總是產生同樣的果。因此，客觀和平是主觀和平的結果，外部和諧是內在和諧的結果，「人不是從荊棘上摘無花果，也不是從蒺藜裡摘葡萄」。

要創造其他的幸福，要滿心歡喜地接受新的真理，要培養希望，要看到風暴過後的寧靜，看到黑夜過後的黎明。這就是科學的信條。

表面上看起來不合理的事，正是那些有助於我們去認識可能性的事。我們必須走上前人從未踏足過的思想小道，穿越無知的沙漠，涉過「迷信的沼澤」，攀登習俗和禮儀的群山，克服種種困難和磨難，才能進入我們期望的「啟示的福地」。

因此，善與惡僅僅被看作是表示我們思考和行為之結果的兩個相對的術語。如果我們只抱持建設性的想法，結果就會讓我們和他人受益，這種益處我們稱之為「善」；如果我們抱持的是破壞性的想法，就會為我們自己和他人帶來不和諧的結果，這種不和諧我們稱之為「惡」。正如我們透過理解電的規律從而能利用電來產生光、熱和力一樣，但如果我們忽視或不知道電的規律，結果就有可能是災難性的。在前一種情況下，力並不是善，在後一種情形下，它也不是惡；是善是惡，取決於我們對規律的理解。人種的是什麼，收的也就是什麼。

❧人類是生產愛的機器，愛是情感的產物，是潛意識活動，完全處在無意識的神經系統的控制之下。因為這個原因，驅使它的動機常常既非理性也非智力。每一個政治煽動家和宗教復興運動的鼓吹者，都利用了這一法則，他們知道，如果他們能鼓動人們的情緒，他們所希望的結果就會得到確保，因此煽動家總是訴諸聽眾的激情和偏見，而從不訴諸理性。宗教復興運動的鼓吹者們，總是透過愛的天性來訴諸情感，而從不訴諸智力。他們都知道，當情緒被鼓動起來的時候，理性和智力就會陷入沉寂。

❧這裡我們發現，透過完全相反的做法可以獲得同樣的效果——一種是訴諸憎恨、復仇、階級偏見和嫉妒，另一種是訴諸愛、服務、希望和快樂，但法則是一樣的。一方吸引，另一方排斥；一方是建設性的，另一方是破壞性的；一方是正面的，另一方是負面的。同樣的力量，以同樣的方式，但為了不同的目的而被運轉起來。愛與恨只不過是同一種力量對立的兩極，正像電力或其他力量既可以用於破壞性的目的，也可以用於建設性的目的一樣。

NOTE

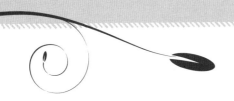

NOTE

健康養生小百科系列推薦（18K完整版）

圖解特效養生36大穴
（彩色DVD）300元

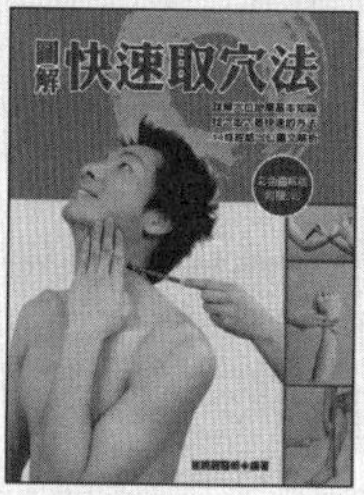

圖解快速取穴法
NT：300（附DVD）

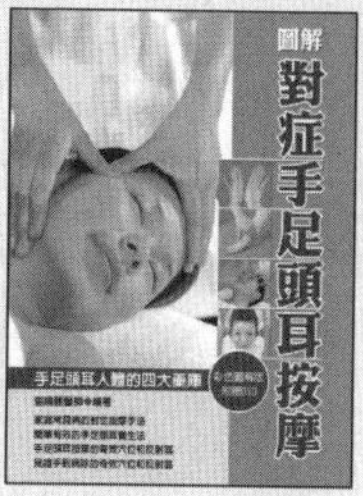

圖解對症手足頭耳按摩
NT：300（附DVD）

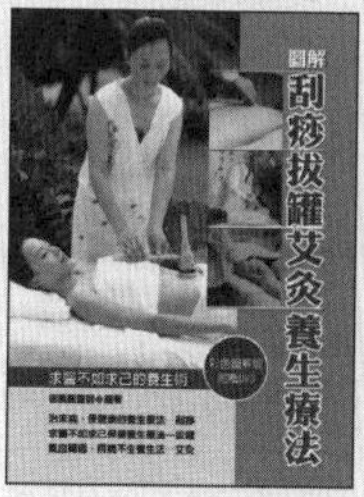

圖解刮痧拔罐艾灸養生療法
NT：300（附DVD）

一味中藥補養全家
NT：280

本草綱目食物養生圖鑑
NT：300

選對中藥養好身
NT：300

餐桌上的抗癌食品
NT：280

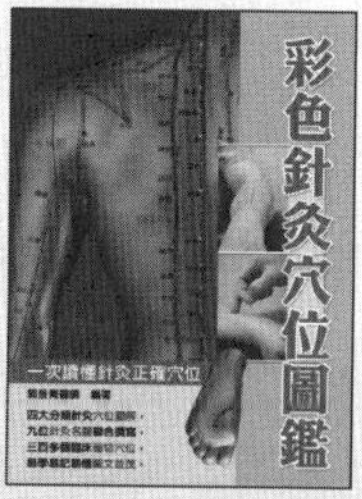

彩色針灸穴位圖鑑
NT：280

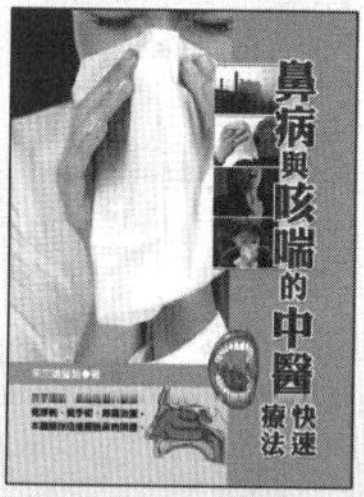

鼻病與咳喘的中醫
快速療法 NT：300

拍拍打打養五臟
NT：300

五色食物養五臟
NT：280

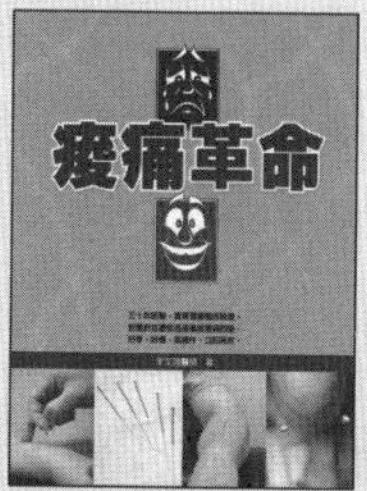

痠痛革命
NT：300

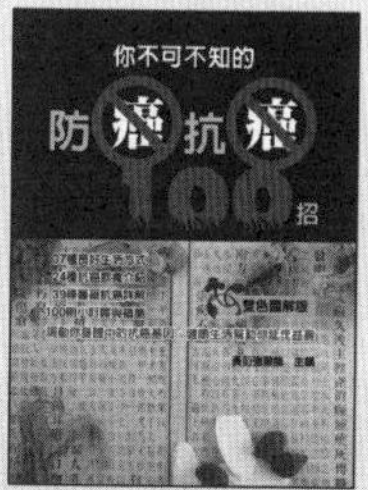

你不可不知的防癌抗癌
100招 NT：300

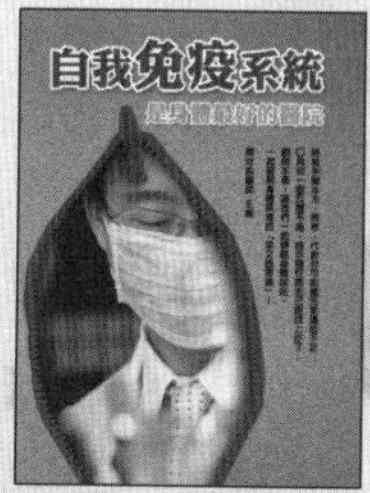

自我免疫系統是身體
最好的醫院 NT：270

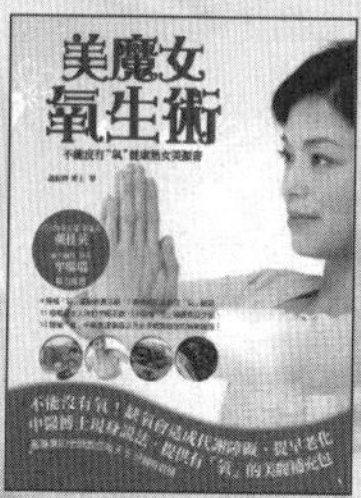

美魔女氧生術
NT：280

心理勵志小百科好書推薦

全世界都在用的80個
關鍵思維NT：280

學會寬容
NT：280

用幽默化解沉默
NT：280

學會包容
NT：280

引爆潛能
NT：280

學會逆向思考
NT：280

全世界都在用的智慧
定律 NT：300

人生三思
NT：270

陌生開發心理戰
NT：270

人生三談
NT：270

全世界都在學的逆境
智商NT：280

引爆成功的資本
NT：280

國家圖書館出版品預行編目資料

世界潛能大師的16堂奇蹟訓練／查爾斯・哈奈爾（Charles Haanel）作. －－初版. －－ 新北市：華志文化，2015.
面；　公分. －－（全方位心理叢書；12）
ISBN　978-986-5636-39-5（平裝）

177.2　　104022640

華志文化事業有限公司
系列／全方位心理叢書C312
書名／世界潛能大師的16堂奇蹟訓練（Mental Chemistry）

作者　查爾斯・哈奈爾（Charles Haanel）
執行編輯　林雅婷
美術編輯　簡郁庭
封面設計　王志強
文字校對　陳麗鳳
企劃執行　康敏才
總編輯　黃志中
社長　楊凱翔
出版者　華志文化事業有限公司
電子信箱　huachihbook@yahoo.com.tw
地址　116台北市文山區興隆路四段九十六巷三弄六號四樓
電話　02-22341779
印製排版　辰皓國際出版製作有限公司

總經銷商　旭昇圖書有限公司
地址　235新北市中和區中山路二段三五二號二樓
電話　02-22451480
傳真　02-22451479
郵政劃撥　戶名：旭昇圖書有限公司（帳號：12935041）
電子信箱　s1686688@ms31.hinet.net

出版日期　西元二〇一五年十二月初版第一刷
售價　一九九元

華志文化

華志文化

華志文化

華志文化